小学校英語サポートBOOKS

教師1年目からできる！

英語授業
アイテム＆
アイデア

増渕 真紀子 著

明治図書

はじめに

　『教師1年目から使える！英語授業アイテム＆ゲーム100』をたくさんの先生方にご使用いただいていますが，

> 「また一からやり直し……」

　令和6年度版から外国語の教科書が改訂となり，これまで授業経験を重ね，ようやく授業の進め方や，児童が楽しみながら学ぶことができる活動を実践できるようになったのに……と，全国の外国語授業に携わる先生方からたくさんのお悩みが寄せられています。

　教科担任制が進められていますが，外国語活動・外国語授業に携わる先生の立場は様々です。決して外国語の授業に十分な教材研究のための時間が確保できる先生ばかりではありません。学習指導要領で定められた目標を達成するために，新しい教科書に合わせたコミュニケーション活動を考えることは，時間も労力もかかります。
　また，児童の中には，英語の得意・苦手感や，英語学習経験の有無から，学校の外国語活動・外国語の学びに向かう姿勢に差があり，授業へのエンゲージメントと英語力の差を和らげる指導も求められています。
　また，英語力に不安を感じながら外国語活動・外国語の授業を進めていらっしゃる先生方もまだまだ多くいらっしゃいます。
　これらを考慮すると，外国語活動・外国語授業には，まだまだ「不安」がつきまとう，そう感じてなりません。

　約2年間にわたる大学院での学びを通じ，Young Learners の言語習得に必要な指導方法や，学習者のエンゲージメントを向上させるために重要な手法がくっきりと見えてきました。

> 「良質なインプットから，意味のあるアウトプットへ」

　楽しい雰囲気や楽しいゲームだけでは言語を習得できません。「言語材料をただ言わせる」は，そもそもコミュニケーションではありません。英語の授業には，第二言語習得理論に基づいた指導が児童の英語力を養うために欠かせないことを，研究を通して理解できました。

この学びを通して，私にはこれまでよりさらに強く感じている願いがあります。それは，「児童がクラスメイトと楽しく，そして着実にコミュニケーションとしての英語力を身につけて中学校の英語学習に向かってほしい」。また，「多忙を極める先生の負担を軽減し，先生自身が楽しんで自信をもって授業に向かってほしい」。この２つです。

　この願いを実現するために，第二言語習得理論に基づいた指導を教材に詰め込んで，たくさんの先生に届けることが今の私にできることだと考えています。

> 「先生が『楽しいな』と感じたその教材が，
> 　先生が『なるほどね』と児童の成長を感じた教材や指導法が，
> 　児童が『楽しい！』と取り組んだ活動が，実は理論に基づいている！」

そして，

> 「ちょっとほっこりする教材」

そんな教材を作りました。

日々の外国語活動・外国語授業に悩んでいる先生へ。
もっといろいろな教材を使って児童の様子に合った活動を選びたい先生へ。

　本書で紹介している活動や教材で，一緒に外国語活動・外国語授業をもっとコミュニカティブに，もっと楽しくしませんか？　授業の流れや教材使用のポイントなど，授業まるごと紹介しています。本書で紹介する授業アイテム・アイデアをぜひ先生方の教室でお役立ていただければと思います。

2024年11月

増渕真紀子

本書の使い方

本書では，それぞれのアイテムとゲームを，以下のような構成でご紹介しています。

1　準備
　　実際に必要な教具や，アイテムやゲームを取り入れた活動をする前に学習しておくべき内容などを示しています。

2　アイテム・ゲームの紹介
　　アイテムやゲームの概要や，使うことで期待できること，アイテムやゲームを使った活動を通して，児童にできるようになってほしいことをご紹介しています。

3　授業の流れ
　　アイテムやゲームを取り入れた授業の流れを，各活動の時間の目安も示しながら，紹介しています。
　　★はアイテムやゲームを取り入れた活動です。

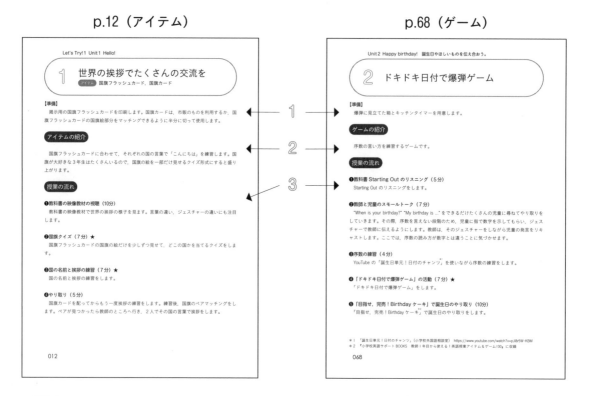

＊本書の特典（アイテムデータ）は右記のQRコード，
または下記のURLより無料でダウンロードできます。
URL：https://meijitosho.co.jp/477712#supportinfo
ユーザー名：477712　　　　パスワード：makienglish2

4　進め方

アイテムやゲームを取り入れた活動（★の活動）について，進め方を詳しく説明しています。

5　ポイント

活動の際に気をつけたいことなどを示しています。

6　アイテム

アイテムのページには，特典としてダウンロードできるアイテム（教材）の画像を掲載しています。

7　ゲーム

ゲームのページには，イラスト図解でわかりやすく進め方を補足しています。

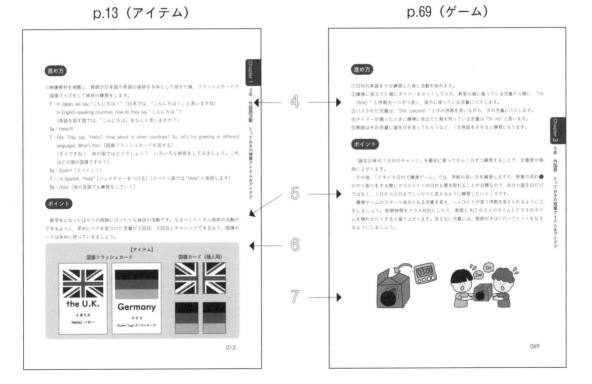

Contents

はじめに …………………………………………………………… 002

本書の使い方 ……………………………………………………… 004

Chapter 1

3年 外国語活動
とっておきの授業アイテム＆アイデア ………………… 011

1　Let's Try! I　Unit I　Hello!
　世界の挨拶でたくさんの交流を …………………………… 012

2　Let's Try! I　Unit 2　How are you?
　気持ちの英語絵本 …………………………………………… 014

3　Let's Try! I　Unit 2　How are you?
　私の気持ちを伝えよう ……………………………………… 016

4　Let's Try! I　Unit 3　How many?
　How many？の英語絵本 …………………………………… 018

5　Let's Try! I　Unit 3　How many?
　あめちゃんいくつ？ ………………………………………… 020

6　Let's Try! I　Unit 4　I like blue.
　色×かき氷？　色×おやつ？ ……………………………… 022

7　Let's Try! I　Unit 4　I like blue.
　アリかナシか食べ物ミックス！Do you like ○○？ ……… 024

8　Let's Try! I　Unit 4　I like blue.
　ジェスチャーで伝える動物・スポーツ …………………… 026

9　Let's Try! I　Unit 5　What do you like?
　ALT の先生とそんなバナナビンゴ ………………………… 028

10　Let's Try! I　Unit 6　ALPHABET
　アルファベットなスタイリスト …………………………… 030

11　Let's Try! I　Unit 7　This is for you.
　形の英語絵本　Let's make a sandwich! …………………… 032

12　Let's Try! I　Unit 8　What's this?
　What's this? 英語絵本　これなんだ？ …………………… 034

13　Let's Try! I　Unit 9　Who are you?
　寸劇（アウトプット）に挑戦しよう ……………………… 036

14 【新年度準備】教師用・児童用名札 ………………………………… 038

15 【教室掲示】やり取りルール３つ ……………………………………… 039

16 【教室掲示】colors／shapes／weather seasons ポスター ……… 040

17 【やり取り（挨拶）】ベストマッチに出会うまで ………………………… 041

18 【振り返り】学期末振り返りシート ……………………………………… 042

Chapter 2

4年　外国語活動
とっておきの授業アイテム＆アイデア ……………………… 043

1 Let's Try! 2 Unit 1 Hello, world!
世界の「こんにちは」を集めよう！ ……………………………………… 044

2 Let's Try! 2 Unit 2 Let's play cards.
世界の天気を調べよう！ ………………………………………………… 046

3 Let's Try! 2 Unit 3 I like Mondays.
曜日の英語絵本 …………………………………………………………… 048

4 Let's Try! 2 Unit 4 What time is it?
What time is it around the world? ……………………………………… 050

5 Let's Try! 2 Unit 4 What time is it?
It's ○○ time！神経衰弱 ………………………………………………… 052

6 Let's Try! 2 Unit 5 Do you have a pen?
先生，鉛筆30本必要です！ ……………………………………………… 054

7 Let's Try! 2 Unit 6 Alphabet
アルファベットでかんぱーい！ …………………………………………… 056

8 Let's Try! 2 Unit 7 What do you want?
へんてこクリスマスツリー ………………………………………………… 058

9 Let's Try! 2 Unit 8 This is my favorite place.
好きです！学校の○○ …………………………………………………… 060

10 Let's Try! 2 Unit 9 This is my day.
みんなの一日をシェア！ ………………………………………………… 062

007

Chapter 3 5年 外国語
とっておきの授業アイテム＆アイデア ･･････････････ 065

1 Unit 1 Hello, friends! 名前や好きなもの・ことを伝え合おう。
名前教えて ABC ･･････････････････････････････････ 066

2 Unit 2 Happy birthday! 誕生日やほしいものを伝え合おう。
ドキドキ日付で爆弾ゲーム ･･････････････････････････ 068

3 Unit 2 Happy birthday! 誕生日やほしいものを伝え合おう。
誕生日多めスゴロク ･････････････････････････････････ 070

4 Unit 3 Can you play dodgeball? できることを伝え合おう。
みんなはできる？ ･･･････････････････････････････････ 072

5 Unit 3 Can you play dodgeball? できることを伝え合おう。
野菜嫌いはいませんか？ ･････････････････････････････ 074

6 Unit 4 Who is this? 身近な人について紹介し合おう。
私の親戚です ･･･････････････････････････････････････ 076

7 Unit 5 Let's go to the zoo. 場所をたずねたり，案内したりしよう。
Tom の家はどこ？ ･････････････････････････････････ 078

8 Unit 6 At a restaurant. ていねいに注文したり，値段をたずねたりしよう。
お店でおなかいっぱい注文！ ･････････････････････････ 080

9 Unit 7 Welcome to Japan! 日本の素敵な場所をグループで紹介しよう。
Yum Yum Japan! 日本の食ツアー ･･･････････････････ 082

10 Unit 7 Welcome to Japan! 日本の素敵な場所をグループで紹介しよう。
ハイブリッドで観光案内 ･････････････････････････････ 084

11 Unit 8 Who is your hero? あこがれの人について紹介し合おう。
すごい！Hero 一家 ･････････････････････････････････ 086

12 【教室掲示】4線おうち ････････････････････････････････ 088

13 【教室掲示】ライティングルール4つ ･････････････････････ 089

14 【リーディング・ライティング】ライティング教材 ･･････････ 090

15 【リーディング・ライティング】神経衰弱 ････････････････ 091

16 【パフォーマンステスト（事前指導）】質問見える化シート ････ 092

17 【パフォーマンステスト（事前指導）】リアクション早い者勝ちゲーム ･･ 093

18 【パフォーマンステスト（時間調整）】10プラ ･･････････････ 094

19 【パフォーマンステスト（時間調整）】ダウト ････････････････ 095

20 【パフォーマンステスト（時間調整）】マンスリーワークシート ･････ 096

21 【パフォーマンステスト（評価）】Sample Rublic ·················· 097

22 【パフォーマンステスト（評価・振り返り）】パフォーマンステスト振り返り
シート ·· 098

Chapter 4

6年　外国語
とっておきの授業アイテム＆アイデア ·················· 099

1 Unit 1 This is me!　好きなものや宝物などについて紹介し合おう。
懐かしのプロフィール帳 ·································· 100

2 Unit 2 My Daily Schedule　日常生活について紹介し合おう。
我が家の定番メニュー ···································· 102

3 Unit 3 My Weekend　週末にしたことを伝え合おう。
おじいちゃんと文通 How was your weekend? ·········· 104

4 Unit 4 Let's see the world.　世界の行きたい国について紹介し合おう。
行きたい！食べたい！神経衰弱 ························· 106

5 Unit 4 Let's see the world.　世界の行きたい国について紹介し合おう。
My travel plan ·· 108

6 Unit 5 Where is it from?　世界とのつながりを考え，グループで発表しよう。
私の服は○○産！ ·· 110

7 Unit 6 Save the animals.　生き物のためにできることを発表し合おう。
発見！Animal habitat ···································· 112

8 Unit 6 Save the animals.　生き物のためにできることを発表し合おう。
課題解決ゲーム！What can we do for animals? ········ 114

9 Unit 6 Save the animals.　生き物のためにできることを発表し合おう。
What can we do? ライティング ························· 116

10 Unit 7 My Best Memory　小学校生活の一番の思い出を伝え合おう。
思い出のランドセル ······································ 118

11 Unit 8 My Future, My Dream　中学校生活や将来の夢について伝え合おう。
部活・夢調査 ··· 120

12 Unit 8 My Future, My Dream　中学校生活や将来の夢について伝え合おう。
おかしな入部届 ·· 122

Chapter 5 外国語活動・外国語授業 Q&A …………………………… 125

1 単語の読み方にカタカナでフリガナをふってもいいでしょうか。………… 126
2 「読む活動」がなかなかうまくいきません。……………………………… 127
3 「書く活動」がなかなかうまくいきません。……………………………… 128
4 ALTの先生とのコミュニケーションが難しいです。（担任の先生編1）…… 129
5 ALTの先生とのコミュニケーションが難しいです。（担任の先生編2）…… 130
6 ALTの先生とのコミュニケーションが難しいです。（英語専科の先生編）… 131
7 ティームティーチングが難しいです。（担任の先生編）………………… 132
8 ティームティーチングが難しいです。（T2の先生編）…………………… 133
9 学校公開でおすすめのアクティビティを知りたいです。………………… 134
10 自分の英語力を上げるには何から始めたらいいですか？……………… 135

Chapter 1

3年 外国語活動 とっておきの授業 アイテム＆アイデア

Let's Try! 1 Unit 1 Hello!

1 世界の挨拶でたくさんの交流を

アイテム 国旗フラッシュカード，国旗カード

【準備】

掲示用の国旗フラッシュカードを印刷します。国旗カードは，市販のものを利用するか，国旗フラッシュカードの国旗絵部分をマッチングできるように半分に切って使用します。

アイテムの紹介

国旗フラッシュカードに合わせて，それぞれの国の言葉で「こんにちは」を練習します。国旗が大好きな3年生はたくさんいるので，国旗の絵を一部だけ見せるクイズ形式にすると盛り上がります。

授業の流れ

❶教科書の映像教材の視聴（10分）

教科書の映像教材で世界の挨拶の様子を見ます。言葉の違い，ジェスチャーの違いにも注目します。

❷国旗クイズ（7分）★

国旗フラッシュカードの国旗の絵だけを少しずつ見せて，どこの国かを当てるクイズをします。

❸国の名前と挨拶の練習（7分）★

国の名前と挨拶の練習をします。

❹やり取り（5分）

国旗カードを配ってからもう一度挨拶の練習をします。練習後，国旗のペアマッチングをします。ペアが見つかったら教師のところへ行き，2人でその国の言葉で挨拶をします。

進め方

①映像教材を視聴し，教師が日本語や英語の挨拶を手本として見せた後，フラッシュカードで国旗クイズをして挨拶の練習をします。

T：In Japan, we say, "こんにちは！".（日本では，「こんにちは！」と言いますね）
　　In English-speaking countries, how do they say "こんにちは"?
　　（英語を話す国では，「こんにちは」をなんと言いますか？）

Ss：Hello!!!!

T：Yes! They say, "Hello!". How about in other countries? So, let's try greeting in different languages. What's this? ［国旗フラッシュカードを見せる］
　　（そうですね！　他の国ではどうでしょう？　いろいろな挨拶をしてみましょう。これはどの国の国旗ですか？）

Ss：Spain!!（スペイン！）

T：：In Spanish, "Hola!" ［ジェスチャーをつける］（スペイン語では "Hola!" と挨拶します）

Ss：Hola! ［他の言語でも練習をしていく］

ポイント

新学年になったばかりの時期にぴったりな挨拶の活動です。なるべくたくさん挨拶の活動ができるように，早めにペアを見つけた児童が２回目，３回目とチャレンジできるよう，国旗カードは多めに持っていきましょう。

Let's Try! 1 Unit 2 How are you?

気持ちの英語絵本

アイテム　英語絵本 "How are you？"

【準備】

絵本データをダウンロードし，教室のテレビに映すか，もしくは拡大印刷をして，ラミネートをしておきます。

アイテムの紹介

英語絵本の読み聞かせを通して，気持ちを伝える英語表現に慣れ親しみます。お話に沿って登場人物の気持ちを考えながら，対話的に読み進めます。

授業の流れ

❶英語絵本の読み聞かせ（15分）★

英語絵本 "How are you？" の読み聞かせをします。教師と児童が対話しながら，気持ちを伝える英語表現と絵本の情景を読み進めていきます。

❷気持ちを伝える英語表現の紹介（5分）

表情やジェスチャーを交えながら，気持ちを表す英語の表現を練習します。どんなときにどんな気持ちになるか，どんなときに happy になるか，など気持ちの英語だけを紹介するのではなく，その理由や場面も合わせて紹介すると，単調になりにくいです。

❸ If You're Happy And You Know It の歌（7分）

If You're Happy And You Know It に出てくる気持ちの英語とその気持ちを表すジェスチャーを練習します。その後，音楽に合わせて歌います。

❹やり取り（5分）

クラスメイトと "How are you？" "I'm hungry." などでやり取りをしていきます。その際，ジェスチャーや表情などをつけ，全身で表現するよう促しましょう。

進め方

①英語絵本 "How are you？" を提示し，児童の注目をしっかり集めてからお話を始めます。

・読み聞かせ中

T：Look at those boxes.［運ぶジェスチャー，疲れたジェスチャーをしながら］
They look very heavy! If I carry them, I will be tired.
（この箱を見てください！　重そうですね！　私なら疲れてしまいます）
Can you count those boxes? How many?（箱は何個ありますか？）

・読み聞かせ後

T：This is the end of the story! Thank you for listening. Did you like this story?
（これでお話は終わりです。よく聞けました。お話はどうでしたか？）
How many pages did we have?（何ページありましたか？）
"How many pages did we have?" の質問は，数の勉強になるのでおすすめです。

ポイント

英語絵本は，豊富に理解可能なインプット源として最適なアイテムです。英語表現の紹介だけにすると児童にとっては「なぜ気持ちを今伝えないといけないの？」という気持ちになってしまいます。毎ページ教師と児童の対話をたくさん入れながら進めてください。

【アイテム】
英語絵本 "How are you?"

Let's Try! 1 Unit 2 How are you?

私の気持ちを伝えよう
アイテム 「私のキモチ」ワークシート

【準備】
ワークシートを人数分印刷し，配付します。

アイテムの紹介

"How are you?" の教室でのやり取りにもっとワクワク感を生み出します。絵を描いたり，気持ちの理由を考えたりして，コミュニケーション活動を活発にさせるねらいがあります。

授業の流れ

❶英語絵本の読み聞かせ（15分）
　❷で紹介した英語絵本 "How are you?" の読み聞かせをします。

❷気持ちを伝える英語表現の練習（5分）
　表情やジェスチャーを交えながら，気持ちを表す英語の表現を練習します。

❸ If You're Happy And You Know It の歌（7分）
　If You're Happy And You Know It に出てくる気持ちの英語とその気持ちを表すジェスチャーを練習します。その後，音楽に合わせて歌います。

❹「私の気持ちを伝えよう」の活動（10分）★
　「私のキモチ」ワークシートのお菓子の部分に，今の気持ちを表す表情を描き，その理由を日本語やイラストで説明します。
　理由は，「日本語でも絵でもどちらでも大丈夫だよ」と伝えると，絵が苦手な児童も安心して取り組めます。完成したら，"How are you?" と "I'm ○○." でやり取りを行います。

進め方

①ワークシートに表情と理由を書き終えたら，やり取りを始めます。

　T：[ワークシートを胸の前に持ち相手に見せる] Hold your worksheet like this.
　　（ワークシートはこのように持ちましょう）
　　Talk to your friends, showing your picture! As many friends as possible!
　　（絵を見せながらできるだけたくさんの友だちと話しましょう）
　　Let's get started!（スタート！）

②ワークシートを見せて，"How are you？" "I'm hungry!" とやり取りしながら，たくさんのクラスメイトと交流するよう促します。

　ワークシートは胸の前に持ち，相手に向けることで，児童同士がアイコンタクトをとりやすくなります。机に置いて見せたり，覗き込んで行ったりすると下を向いてやり取りをしてしまうことになるので，注意しましょう。また，教師もそのやり取りに参加することで，普段は聞けないような休み時間の出来事などを聞くことができます。

ポイント

　この単元のやり取りでは，このような教材を使用するなど，言葉だけのやり取りにしないようにすると，盛り上がります。「なぜ今気持ちを伝えるの？」という目的を設定しにくい単元なので，教材に描いた絵を見せ合う，理由を聞いてみる，などの活動がおすすめです。

【アイテム】
「私のキモチ」ワークシート

Let's Try! 1 Unit 3 How many?

How many? の英語絵本

アイテム　英語絵本 "How many?"

【準備】

絵本データをダウンロードし，教室のテレビに映すか，もしくは大きく印刷をしてラミネートをしておきます。

アイテムの紹介

Unit 3 の導入時のインプット教材としておすすめの英語絵本です。数字の英語や，体の部位の英語に慣れ親しみながら，教師と児童が対話的に「英語で数を数える」絵本です。

授業の流れ

❶英語絵本の読み聞かせ（10分）★

英語絵本 "How many?" の読み聞かせをします。教師と児童が対話しながら，数を尋ねる表現や数字を表す英語に慣れ親しみます。

❷「体力勝負な10 steps」のエクササイズ（7分）

教科書収録の歌（Ten Steps）で，「体力勝負な10 steps*」のエクササイズをします。英語絵本を静の活動とし，その後 Ten Steps のエクササイズを動の活動とするとメリハリがつき，児童も飽きずに積極的に活動に参加しやすいです。

❸英語で数えて！玉入れゲーム（10分）

ボールと箱やかごを使ってチーム戦で玉入れをします。チーム対抗戦にすることで，最後まで全員が数を数えることに集中します。

❹やり取り（5分）

「Telephone number シート*」の活動や，「Make 15 seeds*」などの数を使ったやり取りを通して，数のアウトプットをして数の表現の定着を図ります。

＊『小学校英語サポートBOOKS　教師１年目から使える！英語授業アイテム＆ゲーム100』に収録

進め方

①英語絵本 "How many?" を提示し，児童の注目をしっかり集めてからお話を始めます。

　T：What animal is it? You can see it in the zoo. This is a squirrel.
　　（この動物はなんでしょう。動物園にもいますね。リスです）
　　Today, let's read a story about his secret.
　　[表紙のどんぐりを指さしながら] How many nuts can you see in this picture?
　　（今日はこのリスの秘密を読んでいきましょう。どんぐりはいくつありますか？）
　　Let's count! 1, 2, 3 … What color are these nuts?
　　（数えてみましょう！　1，2，3…　どんぐりはなにいろですか？）
　　He has a big tail! Did you know a squirrel has only 4 fingers?
　　（しっぽが大きいですね！　リスは4本しか指がないのを知っていましたか？）

　リスの耳や，しっぽのシマシマ，指などを取り上げていますので，ぜひこの機会に体の部位にも英語で触れたいです。

②毎ページ，しっかり数を全員で数えて定着を図ります。

ポイント

　英語で数を言えるようになるには，とにかく「数える」経験をたくさんすることが大切です。絵本を読み進めながら，"Let's count!" の教師の掛け声で，楽しく数を数えましょう。

【アイテム】
英語絵本 "How many?"

Let's Try! 1 Unit 3 How many?

あめちゃんいくつ？

アイテム 「あめちゃん」ワークシート

【準備】

ワークシートを人数分印刷し，配付します。児童は色鉛筆を用意します。

アイテムの紹介

教師が言う数だけあめ玉を描き入れるインプットベースの活動に使うワークシートです。最後に全部でいくつかを数えます。

授業の流れ

❶英語絵本の読み聞かせ（10分）

4で紹介した英語絵本 "How many?" の読み聞かせをします。

❷「体力勝負な10 steps」のエクササイズ（7分）

教科書収録の歌（Ten Steps）で，「体力勝負な10 steps[*]」のエクササイズをします。英語絵本を静の活動とし，その後 Ten Steps のエクササイズを動の活動とするとメリハリがつき，児童も飽きずに積極的に活動に参加しやすいです。

❸「あめちゃんいくつ？」の活動（7分）★

教師が英語で数字を言い，児童はそれを聞いてカプセルにあめ玉を描いていきます。

❹やり取り（5分）

「Telephone number シート[*]」の活動や，「Make 15 seeds[*]」などの数を使ったやり取りを通して，数のアウトプットをして英語の数の表現の定着を図ります。

---

*『小学校英語サポート BOOKS 教師1年目から使える！英語授業アイテム＆ゲーム100』に収録

進め方

①教師は「あめ玉の色」「味」「数」の順に言い，児童はそれに合わせて色鉛筆であめ玉をカプセルに描いていきます。

②①を何回か続け，全部でいくつになったかを全員で数えます。

　Ss：What color?
　T：Take out your red pencil!
　Ss：What flavor?
　T：Strawberry!
　Ss：How many?
　T：Five!［これを3回ほど続ける］
　T：How many in total? Let's count!

③児童と教師で「色・味・数」のやり取りをしながらワークシートに取り組みます。
　"Green!" "Green pepper!" などおもしろい味にすると盛り上がります。

ポイント

「ただひたすら英語で数を数える」という単純な学習をいかに楽しくするかがこの単元で英語表現を定着させるポイントです。

1回の授業で3問ずつ取り組むなど，この単元の帯活動としても最適です。

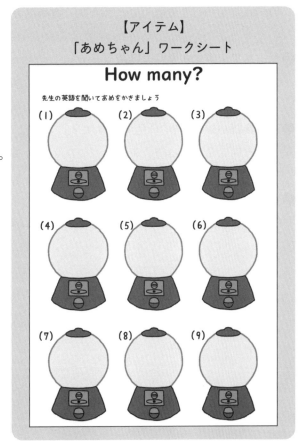

【アイテム】
「あめちゃん」ワークシート

Let's Try! 1 Unit 4 I like blue.

色×かき氷？　色×おやつ？

アイテム 色×かき氷カード，色×おやつカード

【準備】

グループで活動するので，カードをグループの数分だけ印刷して切りラミネートをします。

アイテムの紹介

色・果物・おやつなどの単語を楽しくゲームで定着させることを目的とした教材です。神経衰弱やジジ抜き等をして，遊びます。

授業の流れ

❶ Do you like broccoli ice cream? の歌（6分）

"Do you like ～？"の疑問文と答え方，食べ物の単語に親しむために歌います。

❷ゲームで使用する単語の練習（5分）

色・果物・おやつ等カードに書かれたものの英語を練習します。

❸神経衰弱かジジ抜き（「色×かき氷？」または「色×おやつ？」のどちらか）（15分）★

グループになって，神経衰弱かジジ抜きをします。

❹やり取り（5分）

好きな色や，果物，おやつ等を英語で伝え合います。

進め方

①神経衰弱をするときは，カードを裏向きにして，順番にめくっていきます。ジジ抜きをするときは，カードを裏向きにして1枚引いてから，均等に配ります。そうすることでジジのカードが何かわからないので盛り上がります。いずれのゲームをするときも，めくったカードの英語を言うようにします。

・ゲーム導入時

T：Let's start a game.
　　Make groups of four.
　　You have 15 minutes and when you hear the bell, stop playing.［ベルを鳴らして聞かせる］

ポイント

神経衰弱のゲームでは，どうしても1セットもとれない児童が出てきます。悔しい気持ちで「やりたくない」と思ってしまう児童もいるので，なるべく多くの人が引けるように，1セットそろっても連続でカードをめくらない，というルールにするのがおすすめです。

また，盛り上がってくると英語を言うのを忘れる児童も出てきます。「英語を言わないとカードをゲットできない」という決まりを設定すると，グループ全体の聞く姿勢がつきます。

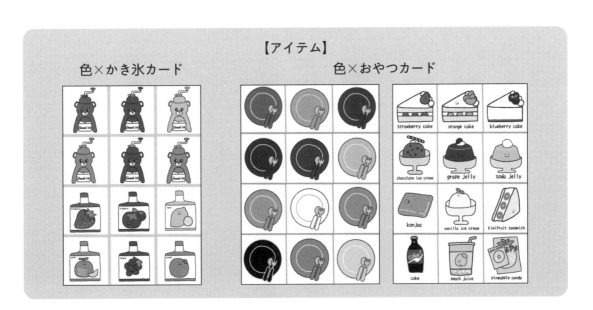

【アイテム】
色×かき氷カード　　色×おやつカード

Let's Try! 1 Unit 4 I like blue.

アリかナシか食べ物ミックス！
Do you like ○○ ?

アイテム 食べ物カード，食べ物フラッシュカード

【準備】

食べ物カードを印刷して切り，ラミネートをかけ，人数分用意します。食べ物フラッシュカードは1セット印刷しておきます。

アイテムの紹介

1人1枚食べ物カードを持ち，"Do you like ○○ ?" の英語を使って友だちと食べ物ミックスをして，それを食べたいかを考えます。

授業の流れ

❶ Do you like broccoli ice cream? の歌（6分）

"Do you like 〜?" の疑問文と答え方，食べ物の単語に親しむために歌います。

❷ 神経衰弱かジジ抜き（「色×かき氷?」または「色×おやつ?」のどちらか）（15分）

グループになって，神経衰弱かジジ抜きをします。

❸食べ物の英語表現の練習（5分）

食べ物フラッシュカードを使って英語表現を練習します。

❹「アリかナシか食べ物ミックス！Do you like ○○ ?」の活動（5分）★

食べ物カードを使って友だちに "Do you like 〜?" で好きかどうかを尋ね，友だちのカードとミックスした食べ物がアリかナシか，2人で考えます。

進め方

①食べ物カードを配ります。
②以下のように，ペアでやり取りをします。
　S1：Do you like natto? [納豆のカードを見せる]
　S2：Yes, I do! Do you like curry and rice? [カレーライスのカードを見せる]
　S1：Yes, I do!
　S1 & S2：Do you like natto curry and rice? [2人のカードをくっつける]
　S1 & S2：No, I don't! Yucky!
③ペアをかえてやり取りを続けていきます。

ポイント

　この活動で使う"Do you like〜?"の表現は，授業の流れ❶で歌う"Do you like broccoli ice cream?"に合わせて歌いながらやり取りさせるとスムーズに言うことができます。

　また，やり取りした後，持っているカードをペアで交換して新しいカードでやり取りをしていくと様々な食べ物の英語に触れることができます。

　やり取りの後，「おいしそうなごはんあった？」と聞くと，とても盛り上がります。

【アイテム】
食べ物カード

025

Let's Try! 1 Unit 4 I like blue.

ジェスチャーで伝える動物・スポーツ

アイテム　掲示用カード（動物・スポーツ）

【準備】
カードを印刷しておきます。

アイテムの紹介
動物とスポーツの語彙学習のための掲示用教材です。

授業の流れ

❶ Do you like broccoli ice cream? の歌（3分）
"Do you like 〜 ?"の疑問文と答え方，食べ物の単語に親しむために歌います。

❷ 復習のやり取り（5分）
7❹のやり取りをし，前回の復習をします。

❸ 動物またはスポーツの単語の練習（5分）★
カードを見せながら動物またはスポーツの単語の練習をします。

❹「ジェスチャーで伝える動物・スポーツ」のゲーム（10分）★
グループごとに教室の前に出て，教師から指示された動物またはスポーツのジェスチャーをします。それを見ている児童たちは何のジェスチャーかを当てます。

❺ やり取り（5分）
習った英語表現を使って，グループで好きな動物またはスポーツを伝え合います。

進め方

①グループで教室の前に立ち，教師が指示した動物またはスポーツのジェスチャーをしてクラスにクイズを出します。

T：Let's play an animal / a sport gesture game!
First, group 1, come up to the front. I will tell you one animal / sport.
Do the gesture when we say 3・2・1!

②わかった児童は，手を挙げて答えを言い，その後クラス全体でその答えを繰り返します。

③ジェスチャーをしたグループが "OK!" または "No! One more try!" と正解か不正解かをクラスに伝えます。

ポイント

この活動では，コミュニケーションのポイントの一つであるジェスチャーの練習をねらいとしています。この後のやり取りで，ジェスチャーを交えて好きな動物，またはスポーツを伝えるように促します。

「今回のやり取りでは，ジェスチャーを使おうね！」とやり取りの前にしっかり目標を提示することも大切です。

【アイテム】
掲示用カード（動物・スポーツ）

Let's Try! 1 Unit 5 What do you like?

ALTの先生とそんなバナナビンゴ

アイテム そんなバナナビンゴシート，そんなバナナくじ

【準備】

その時間に取り上げる言語材料に合わせて赤い果物・野菜／動物／スポーツを選び，ビンゴシートを人数分印刷しておきます。ALTにビンゴで使用するくじを作ってもらっておきます。

アイテムの紹介

インタビュー活動時に必要な果物と野菜，動物，スポーツの語彙で遊ぶゲーム教材です。

授業の流れ

❶果物と野菜，動物，スポーツの英語の紹介（5分）

果物と野菜，動物，スポーツの英語の紹介をします。

❷「ALTの先生とそんなバナナビンゴ」の準備（7分）

児童はビンゴシートの空いたマスに，指示されたもの（赤い果物・野菜／動物／スポーツ）を文字か絵でかきます。

❸「ALTの先生とそんなバナナビンゴ」の活動（5分）★

「そんなバナナビンゴ」の活動をします。

❹インタビュー活動（15分）

言語材料に合わせて，"What ○○ do you like?" でインタビュー活動（「算数×外国語でインタビュー活動」[*]）をします。

❺インタビュー結果の考察（3分）

インタビュー結果について，振り返ります。

[*]『小学校英語サポートBOOKS 教師1年目から使える！英語授業アイテム＆ゲーム100』に収録

進め方

①その時間の言語材料に合わせて、赤い果物・野菜／動物／スポーツのビンゴシートを用意し、児童に空いたマスに絵または文字（日本語）でかき込ませます。

②準備ができたら、ALTが作ったくじを児童が1枚ずつ引いていき、ビンゴを始めます。

・ビンゴをするとき

T：Let's play BINGO!! ○○（ALTの名前）sensei put some cards in this bag.
（ビンゴをして遊びましょう！　○○（ALTの名前）先生がカードを何枚かこの袋に入れました）
So, one of you can pick up one! Who wants to do it?
（1枚カードを引いてください。誰がやりたいですか？）

③ビンゴができた児童に、ご褒美シールなどあげると喜びます。

ポイント

このゲームを盛り上げるコツは、ALTに意外なものをくじに書いてもらうことです。ALTの出身国で有名なもの、聞いたことはあるけれど児童が書かなさそうなものをくじに混ぜてください。新しい語彙の定着だけでなく、ALTのこと・国のこと・食文化のことなどをより知れるチャンスになります。

また、ALTがくじの入った袋を持ち、児童にくじを引かせるようにすると、ALTとの距離がぐっと縮まります。

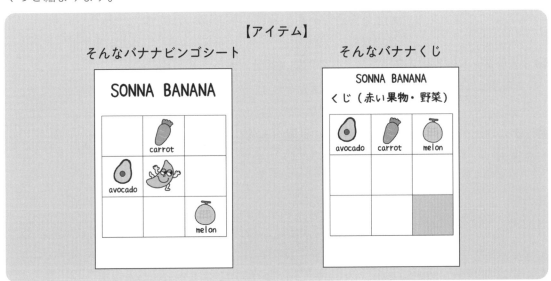

Let's Try! 1 Unit 6 ALPHABET

10 アルファベットなスタイリスト

アイテム アルファベットなスタイリストのワークシート
（ヘアスタイル・Tシャツ）

【準備】

掲示したアルファベットなスタイリストのワークシートのどちらか（ヘアスタイル・Tシャツ）を人数分印刷しておきます。アルファベットのフラッシュカードも用意します。

アイテムの紹介

アルファベットに親しむための初めてのライティング活動におすすめの教材です。

授業の流れ

❶ ABC song の歌（3分）

ABC song を歌います。

❷「ぴょこぴょこ ABC」の活動（3分）

「ぴょこぴょこ ABC*」の活動をします。アルファベットカードを配って ABC song を歌い，その後またシャッフルして何回か歌いましょう。

❸ アルファベットのコミュニケーション活動（7分）

「アルファベットビンゴ*」などでアルファベットのコミュニケーション活動をします。

❹「アルファベットなスタイリスト」の活動（10分）★

「アルファベットなスタイリスト」の活動をします。

❺「アルファベットドリル（大文字）」の活動（5分）

児童のペースで「アルファベットドリル（大文字）*」を進めていきます。

＊『小学校英語サポート BOOKS　教師1年目から使える！英語授業アイテム＆ゲーム100』に収録

030

進め方

①アルファベットなスタイリストのワークシート（ヘアスタイル or Tシャツ）を配ります。
②教師がアルファベットカードを1枚見せ，そのアルファベットをまねして素敵なデザインになるよう書かせます。
③何文字か続けたら，児童にアルファベットカードを1枚引かせてやりましょう。

ポイント

　アルファベット単元では，「書く活動」中心になりがちですが，しっかり音声でアルファベットについてのやり取りをさせた後に「書く活動」を入れましょう。また，大文字には高さの違いがないので，3年生で急いでいきなり4線にアルファベットを書く練習を始めるのではなく，まずは，文字認識の1つのステップとして，楽しく「アルファベットライティングに親しむ」活動を入れましょう。
　この活動では，アルファベットの直線・曲線に合わせてヘアスタイルをデザインできるので，ぜひ文字の特徴についても触れてください。

【アイテム】
アルファベットなスタイリストのワークシート（ヘアスタイル・Tシャツ）

Let's Try! 1 Unit 7 This is for you.

11 形の英語絵本　Let's make a sandwich!

 英語絵本 "Shapes are waiting for you."
Let's make a sandwich! のカード

【準備】

英語絵本をダウンロードし，投影用テレビに映すか，大きく印刷しておきます。Let's make a sandwich! のカードを人数分印刷して切り，ラミネートをしておきます。

アイテムの紹介

形の英語表現に親しむための英語絵本です。

授業の流れ

❶英語絵本の読み聞かせ（15分）★

英語絵本 "Shapes are waiting for you." の読み聞かせをします。

❷形の英語表現の練習（5分）

形の英語表現を練習します。

❸「Let's make a sandwich!」の活動（7分）★

「Let's make a sandwich!」のやり取りをします。

❹振り返り（5分）

進め方

①英語絵本 "Shapes are waiting for you." を提示し，児童の注目をしっかり集めてからお話を始めます。英語絵本の読み聞かせでは各ページ，教師と児童が対話しながら形の英語に慣れ親しみます。

・やり取り例1

　T：It's a circle. Can you make a circle with your hands?
　　（丸ですね。手で丸をつくることができますか？）

・やり取り例2

　T：What vegetable is it?（この野菜はなんですか？）
　Ss：Tomato!（トマト！）
　T：Yes! It's a tomato. If you slice it, you can see a circle! Do you like tomatoes?
　　（そうですね！　トマトです。トマトを切ると丸になりますね。トマトは好きですか？）

②「Let's make a sandwich!」は，個人にカードを配り，絵本に出てきた具材を集めてサンドイッチを作るグルーピング活動です。完成したら，教師のところへ行き，"This is for you!" と言ってカードを戻します。

ポイント

サンドイッチを完成させるやり取りの活動では，グループに入れない児童が出ないよう，多めにカードを用意し早く終わった児童は2回目にチャレンジさせましょう。

【アイテム】
英語絵本 "Shapes are waiting for you."　　Let's make a sandwich! のカード

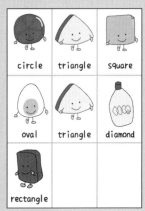

Let's Try! 1 Unit 8 What's this?

12 What's this? 英語絵本　これなんだ？

アイテム 英語絵本 "What's this?", 「これなんだ？」ワークシート

【準備】

英語絵本をダウンロードし，投影用テレビに映すか，拡大して印刷しておきます。「これなんだ？」ワークシートは人数分印刷しておきます。

アイテムの紹介

形の表現の復習をしながらクイズ絵本を読み，その後自分でもクイズを作る教材です。

授業の流れ

❶英語絵本の読み聞かせ（15分）★

英語絵本 "What's this?" の読み聞かせをします。

❷形の英語表現の復習（5分）

形の英語表現を復習します。

❸「これなんだ？」の活動（15分）★

「これなんだ？」のやり取りをします。

034

進め方

①英語絵本 "What's this?" を提示し，児童の注目をしっかり集めてからお話を始めます。英語絵本では各ページ，教師と児童が対話しながら形の英語に慣れ親しみます。

T：What shape is it?（なんの形ですか？）

Ss：Oval!

T：Yes! It's an oval. What do you think this is? Is it an egg?
　　（そうですね！　楕円です。これはなんでしょう？　卵かな？）

T：A mouth. He is brushing his teeth. [This is the way we brush our teeth を歌う]
　　（口ですね。歯を磨いています）

②「これなんだ？」の活動では，児童は，形を１つ決めて，それが何なのかを考えてワークシートに描き，クイズを出し合います。

ポイント

「これなんだ？」ワークシートでは，食べ物の断面など意外なものを描く児童もいます。ぜひ楽しい雰囲気で進めてください。

また11の英語絵本で登場する「こんにゃくさん」が今回も登場するので，11と12の絵本を２つ続けて読むと盛り上がります。

Let's Try! 1　Unit 9　Who are you?

13　寸劇（アウトプット）に挑戦しよう

アイテム Who are you? になりきりお面

【準備】

"Who are you?" に登場する動物のなりきりお面を印刷し，輪郭の線でカットして輪ゴム等で頭につけられるお面になるようにしておきます。英語絵本も十分に読み，セリフを練習しておきます。

アイテムの紹介

形の表現の復習をしながら教科書 "Who are you?" を読み，その後寸劇をするための教材です。

授業の流れ

❶教科書の読み聞かせ（15分）

教科書 "Who are you?" の読み聞かせをします。

❷役決め・セリフの練習（15分）★

12匹の動物がいるので，クラスを2〜3グループに分けます。または，dog のセリフが多いため，dog を複数で演じさせると1人の負担を減らすことができます。

❸寸劇発表（10分）★

発表するグループは教室の前に出て，グループごとに劇をします。

❹フィードバック（3分）

児童の頑張ったところやよくできていたところをしっかりほめます。

＊『小学校英語サポート BOOKS　教師1年目から使える！英語授業アイテム＆ゲーム100』に収録

進め方

①寸劇の発表をする時間までに，絵本の朗読や，「Who are you? まるっとワークシート*」に取り組み，言語材料にしっかり慣れ親しむ時間を確保します。
②役決めをしてそれぞれのセリフを練習します。
③その後，お面を頭につけて寸劇の発表会をしましょう。

ポイント

　児童によって難しい表現の場合は，言いやすい表現にすると児童も安心して演じることができます。たとえば，"I see something small." は，"Oh, it's small!" などにすると，これまで聞きなじんだ表現になります。
　また，dragon はセリフが教科書に書かれていないため，"I see something big and long!" など，セリフを作ってください。

【アイテム】

Who are you? になりきりお面

【新年度準備】

14 教師用・児童用名札
アイテム 教師用・児童用名札

【準備】
　大きく見やすいように，A4やB4で印刷したものを点線部で切り，人数分の名札を用意します。

アイテムの紹介

　英語専科の先生は，いろいろな学年・クラスに授業に入るため，児童の名前と顔を覚えるのがなかなか難しいです。指導したりほめたりするときに名前で呼びたい……そんなときに一目で名前がわかるアイテムです。

使い方

　名前は教師が書くようにしましょう。ラミネートしてクリップをつけると小学校の間ずっと使えます。そのため，クラスや番号を書く欄はありません。
　5・6年生の外国語授業では，名前を書く機会が多く，この名札はお手本として使うこともできます。なかなかヘボン式での名前に慣れない児童が多いです。作る作業は大変ですが，教師が作成するようにしましょう。この名前を一人ひとり書くことも，児童の名前を覚える第一歩になります。

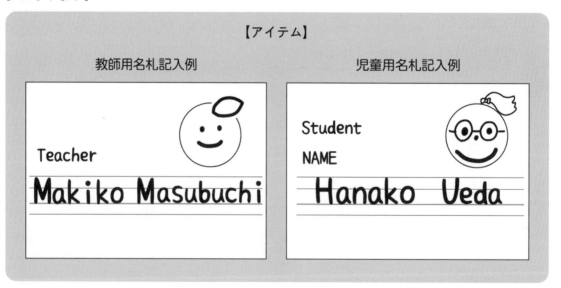

038

【教室掲示】

15 やり取りルール3つ

アイテム　やり取りルール3つ

【準備】

やり取りルール3つを印刷します。それぞれ一つずつに分けて切り，ラミネートをして準備しておきます。絵に沿って丸く切ると，ジッパー付き袋から取り出しやすくなります。

アイテムの紹介

やり取りを始める前に，やり取りルールを確認するための掲示用のシートです。

使い方

やり取りを始める前に，やり取りルールを確認すると児童の活動への参加度が高くなります。やり取りで教室を歩き回るとき，どうしてもうろうろするだけになったり，クラスメイトと遊んでしまったりする児童も出てきます。

高学年になると，異性とのコミュニケーションをしなかったり，1対1の活動なのにグループで話し合ったりしてしまう場面も見受けられます。

やり取りのルールは3年生から，「やり取りルール3つ，何だった？」と児童と確認してからやり取りに入りましょう。

【アイテム】

やり取りルール3つ

【教室掲示】

16 colors／shapes／weather seasons ポスター

アイテム colors／shapes／weather seasons ポスター

【準備】

colors／shapes／weather seasons ポスターをダウンロードして印刷します。
見やすいように，大きく拡大して掲示しましょう。

アイテムの紹介

　色や形，天気・季節の単語の指導に使えるポスターです。フラッシュカードで紹介するよりも，児童が全体として何個あるのか，どのようなものがあるのかを他のものと一覧して比べられるようにポスターにしたものです。

使い方

　掲示教材としてだけでなく，日々の単語紹介でも活用できます。色や形の単元ではもちろん，授業導入部のお天気チェックでも，このポスターを使って英語を確認します。
　英語教室がある場合は掲示教材として，英語教室がない場合は校内の掲示スペースに貼ることで英語の雰囲気をぐっと上げることができます。

【アイテム】
colors／shapes／weather seasons ポスター

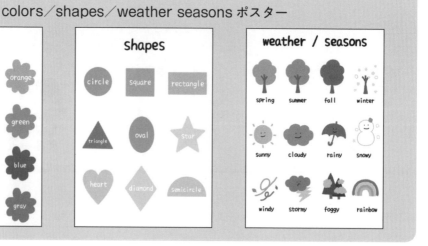

【やり取り（挨拶）】

17 ベストマッチに出会うまで

アイテム　ベストマッチに出会うまでカード

【準備】

ベストマッチに出会うまでカードを人数分印刷して切り，1人1枚ずつ配付します。

アイテムの紹介

挨拶のやり取りやどうしても教具が見つからない場合は，こちらの教材がおすすめです。

ただ挨拶活動をしようとしても，何人となんのために挨拶をしたらいいのか，挨拶の目的や目標がないと取り組みにくいと感じる児童もいます。英語の授業，特にALTとの授業では，挨拶活動も大切なコミュニケーション活動になります。

できるだけ積極性を育てたい，そんな先生はこの教材を使って「ベストマッチに出会うまで挨拶をしてみましょう」と促してみてください。

使い方

カードを1人1枚配り，ベストマッチな相手に出会うまでやり取りを続けます。

ベストマッチを見つけたら教師のところへ行ってカードを返却することで，教師も児童の様子を把握しやすいです。

返却の際，自分の持っているカードの英語を言わせたり，教師が伝えたりして，教科書では扱わないような単語の定着も目指しましょう。

S1：I have a sushi.
S2：I have a soy sauce.
S1 & S2：Hi five!

【アイテム】
ベストマッチに出会うまでカード

【振り返り】

18 学期末振り返りシート
アイテム　学期末振り返りシート

【準備】

シートを印刷して，1人1枚ずつ配付します。

アイテムの紹介

学期最後の授業時に児童に書いてもらう振り返りシートです。

使い方

これまでの授業で児童が経験した言語活動について，どの活動が印象に残っているか，達成感があったかを書いてもらいます。この児童からのリアルな声を聴くことで，「教師が感じたこと」「児童が感じたこと」の差異を確認していきます。

一つのコミュニケーション活動で，教師にとってはとても授業に取り入れやすかったと感じても，実際にその活動を経験した児童から「楽しかった」「難しかった」などのリアクションを聞く機会はなかなかありません。学期の最後に児童が印象に残っている活動を聞くことで，児童のリアクションをうかがうことができ，次学期の授業力向上に役立ちます。

児童からの「リアルな声」が記録されている振り返りシートは，「児童にとっての」学習調整に関する振り返りの役割に加えて，「教師にとって」も大切な資料です。

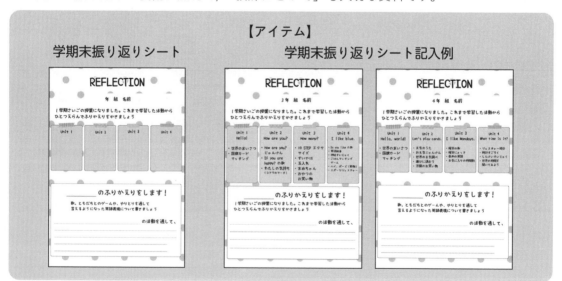

Chapter 2

4年 外国語活動
とっておきの授業
アイテム＆アイデア

Let's Try! 2 Unit 1 Hello, world!

1 世界の「こんにちは」を集めよう！

アイテム Hello! Around the world! ワークシート

【準備】

ワークシートを人数分印刷します。

アイテムの紹介

世界の挨拶を調べて，クラスメイトにその挨拶をし，書き込んでいくやり取りのためのワークシートです。

授業の流れ

❶教科書の映像教材の視聴（7分）

教科書の映像教材を視聴します。

❷世界の挨拶の練習（5分）

Chapter 1 の 1 『Let's Try! 1』Unit 1　Hello! の単元で使用した国旗フラッシュカードを使って，世界の国旗クイズをしたり，挨拶の練習をしたりします。

❸「世界の『こんにちは』を集めよう！」の準備（自分の担当する国の挨拶調べ）（10分）★

ICT 機器を使って，担当する国の「こんにちは！」を調べ，配付されたワークシートに書き込みます。

❹「世界の『こんにちは』を集めよう！」の活動（7分）★

クラスメイトと，自分の調べた国の「こんにちは！」で挨拶をして，相手の児童が挨拶をした国のところに丸をかくか，聞いた挨拶を書き込みます。

044

進め方

①ワークシートを配付し,児童が担当する国を決めます。
②児童はその後,1人1台端末でその国の言葉の「こんにちは!」を調べてワークシートに書き込みます。
③やり取りでは,自分の調べた国の言葉で,クラスメイトに挨拶をしていき,やり取りの相手の挨拶をワークシートに書き込みます。

ポイント

4年生でICTの操作に十分慣れていることが大切です。

調べる時間を長めにとってしまうと,他の作業をしてしまう児童も出てくるので,調べる時間は短めにし,終わった児童から端末等を片づけるよう指示すると,だらだら活動することを防ぐことができます。

また,調べるサイトによって挨拶が違うこともありますが,間違いとせず,「いろいろな言い方があるのかもしれないね」と伝えましょう。

4年生ということで,少しずつ世界地図の形や,名前を聞いたことがある国がどこにあるのかを知る機会になればいいなと思っています。

【アイテム】
Hello! Around the world! ワークシート

Let's Try! 2 Unit 2 Let's play cards.

2 世界の天気を調べよう！

アイテム How is the weather around the world? ワークシート

【準備】

ワークシートを人数分印刷します。

アイテムの紹介

世界の天気を調べて，クラスメイトにその天気を伝え，書き込んでいくやり取りのためのワークシートです。

授業の流れ

❶ 教科書の映像教材の視聴（7分）

教科書の映像教材を視聴します。

❷ 天気を表す英語表現の練習（2分）

天気を表す英語表現を練習します。

❸「Weather じゃんけん」の活動（5分）

「Weather じゃんけん*」の活動をします。

❹「世界の天気を調べよう！」の準備（自分の担当する国の天気調べ）（10分）★

ICT機器を使って，担当する国の天気を調べ，配付されたワークシートに書き込みます。

❺「世界の天気を調べよう！」の活動（7分）★

クラスメイトと，自分の調べた国の天気を伝え合い，相手の児童が伝えた天気をワークシートに書き込みます。

---

*『小学校英語サポートBOOKS 教師1年目から使える！英語授業アイテム＆ゲーム100』に収録

進め方

①ワークシートを配付し、児童が担当する国を決めます。児童はその後、１人１台端末でその国の天気を調べてワークシートに書き込みます。

②やり取りでは、以下の例のように、自分の調べた国の天気をクラスメイトに伝え、やり取りの相手の天気をワークシートに書き込みます。

S1：Hello! How is the weather?
S2：It's sunny in Australia!
S1：OK!
S2：How is the weather? ...［続ける］

ポイント

1同様、4年生でICTの操作に十分慣れていることが大切です。調べる時間も手短に設定しましょう。

この活動の前の授業で、天気の表現に十分慣れておきましょう。

また、同じ国でも都市によって天気が違うこともあるので、世界の広さを感じる機会にもなると思います。

また、天気は調べるサイトによって違う場合があるので、使うサイトを指定することをおすすめします。

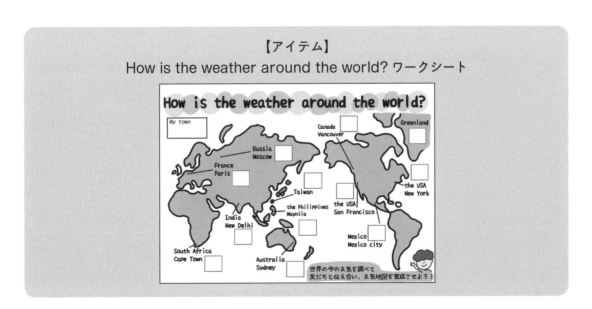

【アイテム】
How is the weather around the world? ワークシート

Let's Try! 2 Unit 3 I like Mondays.

曜日の英語絵本
アイテム　英語絵本 "WONDERFUL DAYS OF THE WEEK"

【準備】

英語絵本をダウンロードし，投影用テレビに映すか，大きく印刷しておきます。

アイテムの紹介

曜日の英語表現に親しむための英語絵本です。

授業の流れ

❶英語絵本の読み聞かせ（10分）★

英語絵本 "WONDERFUL DAYS OF THE WEEK" の読み聞かせをします。

❷曜日の英語表現の紹介（3分）

曜日の英語表現を歌で練習すると，スムーズに言えるようになります。

❸「曜日ニョッキ」の活動（10分）

「○○ニョッキ*」など曜日の英語表現でゲームをします。

❹やり取り（10分）

曜日についてのやり取りをします。
「曜日×給食　好きな曜日は何曜日？*」の活動をします。

＊『小学校英語サポートBOOKS　教師１年目から使える！英語授業アイテム＆ゲーム100』に収録

進め方

①英語絵本 "WONDERFUL DAYS OF THE WEEK" を提示し，児童の注目をしっかり集めてからお話を始めます。英語絵本では各ページ，教師と児童が対話しながら曜日の英語に慣れ親しみます。

・英語絵本語りかけ例1

T：Look at the sun in this picture! It's sunny in this story!
　　（この絵の太陽を見てみましょう！　天気は晴れですね）

T：It looks thirsty. Can you see some drinks the boys are serving?
　　（のどが渇いていそうですね。男の子が差し出している飲み物を見てみましょう）

T：What flavor do you think?（何味だと思いますか？）

・英語絵本語りかけ例2

T：A boy is sitting in the tree with a squirrel. Can you see leaves? They are interesting.
　　（男の子がリスと一緒に木に座っていますね。葉っぱを見てみましょう！　おもしろいですね）

ポイント

曜日の練習はなかなか話題を広げるのが難しいですが，この絵本は曜日を題材にお話が進みます。

毎ページいろいろな絵の描写に触れながら，対話をして豊富なインプットにしましょう。

【アイテム】
英語絵本 "WONDERFUL DAYS OF THE WEEK"

Let's Try! 2 Unit 4 What time is it?

What time is it around the world?
アイテム What time is it around the world? ワークシート

【準備】
What time is it around the world? ワークシートを人数分印刷します。

アイテムの紹介

世界の時刻を調べて，クラスメイトにその時間を伝え，書き込んでいくやり取りのためのワークシートです。

授業の流れ

❶ **教科書の映像教材の視聴（7分）**
教科書の映像教材を視聴します。

❷ **時間を表す英語表現の練習（2分）**
時間を表す英語表現を練習します。

❸ **「What time is it around the world?」の準備（自分の担当する国の時間調べ）（10分）★**
ICT機器を使って，担当する国の時間を調べ，配付されたワークシートに書き込みます。

❹ **「What time is it around the world?」の活動（7分）★**
「What time is it around the world?」の活動をします。クラスメイトと，自分の調べた国の時刻を伝え合い，相手の児童が伝えた時刻をワークシートに書き込みます。

＊『小学校英語サポートBOOKS　教師1年目から使える！英語授業アイテム＆ゲーム100』に収録

進め方

①ワークシートを配付し，児童が担当する国を決めます。
②児童はその後，端末（PC）でその国の時間を調べてワークシートに書き込みます。
③やり取りでは，以下の例のように，自分の調べた国の時間をクラスメイトに伝え，やり取りの相手の時間をワークシートに書き込みます。

S1：Hello! What time is it?
S2：It's 3 p.m. in Australia!
S1：OK!
S2：What time is it? ...［続ける］

ポイント

1，2同様，4年生でICTの操作に十分慣れていることが大切です。調べる時間も手短に設定しましょう。

この活動の前の授業で，「赤ずきんちゃんの時間スゴロク*」をして時間の受け答えの表現について慣れておきましょう。

また，同じ国でも都市によって時間が違ったり，日本とは違う日付の国があったりすることにも触れましょう。

【アイテム】
What time is it around the world? ワークシート

Let's Try! 2 Unit 4 What time is it?

It's ○○ time! 神経衰弱

アイテム 時計カード，日課カード

【準備】

　時計カードと日課カードの神経衰弱セットを，グループの数だけ印刷して切り，ラミネートします。

　神経衰弱で遊ぶので，時計カードの台紙の色と日課カードの台紙の色を変えておくとわかりやすいです。

アイテムの紹介

　時間の言い方と，"It's ○○ time!"の言い方が練習できる教材です。

授業の流れ

❶教科書の映像教材の視聴（5分）
　教科書の映像教材を視聴します。

❷時間の英語表現の復習（2分）
　時間の英語表現を復習します。

❸日課の英語表現の練習（5分）
　日課カードのイラストを見せながら，児童から英語を引き出して練習します。単なるリピート練習で終わらないようにしましょう。

❹「It's ○○ time! 神経衰弱」の活動（10分）★
　グループになって「It's ○○ time! 神経衰弱」の活動をします。

❺やり取り（8分）
　"I like ○○ time!"のやり取りをします。

052

進め方

①グループ全員で,"What time is it?"と言います。カードを引く児童は,時計のカードを引くときは"It's 3 o'clock."と言い,その後,その時間にあう日課("It's ○○ time!")を言ってから日課カードをめくります。

Ss：What time is it?
S１：［時計カードを引いて］It's 3 o'clock.
　　　It's snack time! ［日課カードをめくる］

②時計の時間と日課があえばカードをゲットできます。

ポイント

ここでは,日課に関する英語を中心に学習します。

朝食や夕食,お風呂など,なかなか定着しにくい表現もあります。神経衰弱で「英語を言ってから」カードをめくることを周知しましょう。

わからないときは,班で助け合いながらゲームをするよう促しましょう。

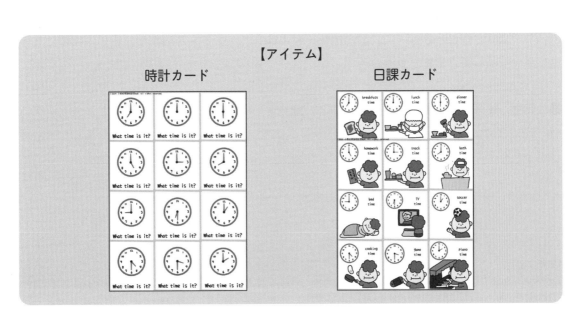

Let's Try! 2 Unit 5 Do you have a pen?

先生，鉛筆30本必要です！

アイテム スゴロクワークシート，鉛筆カード

【準備】

スゴロクワークシートを人数分印刷しておきます。鉛筆カードは1人1枚になるように印刷しておきます。

アイテムの紹介

複数形のs，単数形の冠詞aのやり取りが楽しくできる教材です。

授業の流れ

❶教科書の映像教材の視聴（5分）

教科書の映像教材を視聴します。

❷文房具の英語表現の紹介（10分）

フラッシュカードだけでなく，"Take out your red pencil!"などで持ち物チェックのように単語を練習すると楽しく英語表現を練習できます。

❸単数形・複数形の英語表現の紹介（5分）

ここでは「1個のときは……」や「複数のときは……」など文法的説明は避け，実際に文房具を見せながら紹介しましょう。

❹「先生，鉛筆30本必要です！」の活動（10分） ★

「先生，鉛筆30本必要です！」のやり取りをします。

【参考文献】

VanPatten, B.(2004). Input processing in second language acquisition. In VanPatten, B. (Ed.). Processing Instruction; Theory, research, and commentary (pp. 5-31). Lawrence Erlbaum Associates.

進め方

①ワークシートと鉛筆カードを配付します。
②30本集めるためのやり取りとして，クラスメイトと以下の手順で進めます。
　S1：How many pencils?
　S2：One pencil! How many pencils?
　S1：Five pencils. ...［続ける］
③すべて集めたら教師のところへ行きOKをもらいます。

ポイント

　複数形は，数字と一緒に使うと定着しにくいと言われています（VanPatten, 2004）。
　単数・複数に集中できるよう，"I have two pencils."とセンテンスで言わせず，"Two pencils."と数字＋pencilsのフレーズでやり取りをするようにしましょう。
　また，授業の流れ❸の単数形・複数形の英語表現を紹介するときも，「"Take out a pencil." 何本かな？」とクイズ形式にして何回か続け，単数か複数かのルールを児童自身に気づかせるといいでしょう。

Let's Try! 2 Unit 6 Alphabet

 アルファベットでかんぱーい！
　　アイテム　アルファベットカード（大文字・小文字）

【準備】

カードを人数分印刷して切り，ラミネートしておきます。

アイテムの紹介

アルファベットの大文字と小文字のマッチングをやり取りを通して学ぶ教材です。

授業の流れ

❶「アルファベット小文字体操」の活動（5分）

「アルファベット小文字体操*」をします。

❷ 小文字クイズ（7分）

小文字フラッシュカードを使って，少しずつカードを見せ，何の文字かをクイズします。小文字の特徴の把握につながります。

❸「アルファベットでかんぱーい！」の活動（10分）★

カードを配り，やり取りをします。ここでは，いろいろな文字に触れられるよう，何度もこの活動をしましょう。

❹「アルファベットドリル（小文字）」の活動（10分）

「アルファベットドリル（小文字）*」をします。

---

*『小学校英語サポートBOOKS 教師1年目から使える！英語授業アイテム&ゲーム100』に収録

056

進め方

①アルファベットカードを配ります。

②以下のようなやり取りをしながら，大文字・小文字のマッチングを目指します。

    S１：Hello! What alphabet?

    S２：I have "A"! What alphabet?

    S１：I have "a"! Let's go to ○○ sensei!

③そろったら教師のところへ行き，カードを返却します。

ポイント

  大文字と小文字の文字認識ができるようになったら，大文字と小文字の組み合わせの定着に取り組みたいです。そのために，この教材でやり取りで楽しく取り組めるようにしました。

  紛らわしい "b" "d"，"h" "n" などは同じドリンクのカードになっているので，児童がしっかり注意できるようにしています。

  小文字学習では，「書く活動」中心になってしまいがちですが，このようなやり取りで，「文字を見る」というインプット活動もしっかり取り入れた上で，「書く活動」に移行したいですね。

【アイテム】

アルファベットカード（大文字・小文字）

057

Let's Try! 2 Unit 7 What do you want?

へんてこクリスマスツリー

アイテム クリスマスツリーワークシート，オーナメントシート

【準備】

ワークシートを印刷します。まず，オーナメントシートだけを配付します。
教師が事前に，または児童が自分でオーナメントシートを線にそってカットしておきます。

アイテムの紹介

好きなものを好きなだけ！ クリスマスツリーを作るためのやり取りで使用する教材です。

授業の流れ

❶教科書の映像教材の視聴（5分）
教科書の映像教材を視聴します。

❷教師と児童のスモールトーク（10分）
　ALTとの対話ではなく，教師⇔児童のやり取りで，"What's this?" "Do you like ○○?" や "What do you want?" と問いかけ，オーナメントシートを見せながら，対話をします。

❸言語材料の紹介（5分）
やり取りで使う言語材料（センテンスと語彙）を紹介します。

❹「へんてこクリスマスツリー」の活動（7分）★
「へんてこクリスマスツリー」のやり取りをします。

❺ワークシートの完成（5分）★
「実はクリスマスツリーのオーナメントでした！」と種明かしをし，集めたオーナメントをワークシートに貼って，クリスマスツリーを完成させます。

進め方

①オーナメントシートを配ります。
②以下のようなやり取りをしながら,ほしいオーナメントを尋ねたり伝えたりします。
　S1：Hello! What do you want?
　S2：I want sushi!
　S1：OK. Here you are!
　S2：Thank you! What do you want? …［続ける］
③もらったオーナメントをワークシートに貼って,クリスマスツリーを完成させます。

ポイント

　このオーナメントアイテムがツリーの飾りだったとは知らない児童の,やり取りの後の反応がとても盛り上がります。「こんにゃくばっかりのツリーになっちゃった！」など,普通のものよりも,おもしろさを求める4年生にぴったりの教材です。
　オーナメントシートは2種類あるので,1人1枚ずつになるようにして配ると,たくさんやり取りをしようとする姿が見られます。
　また,オーナメントアイテムに形の背景がついているので,3年生『Let's Try! 1』Unit 8でも使用できます。

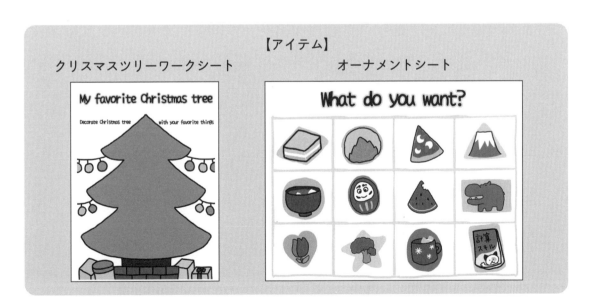

Let's Try! 2 Unit 8 This is my favorite place.

好きです！学校の〇〇

アイテム 好きな場所ワークシート

【準備】

ワークシートを人数分印刷し配付します。

アイテムの紹介

好きな学校の場所と，そこで何をするのが好きなのかを伝えるワークシートです。

授業の流れ

❶教室や施設の場所を表す英語表現の紹介（10分）

学校の地図を黒板にかき，"What room is it?"と聞きながら，教室や施設の場所を表す英語を紹介していきます。その際，"In the gym, you can enjoy basketball!" というように，そこで何ができるかも添えてやり取りへつなげます。

❷好きな場所を紹介するための英語表現の紹介（5分）

"I like 〇〇 . I can enjoy 〇〇 ." などの好きな場所を紹介するための英語表現を紹介します。

❸「好きです！学校の〇〇」の活動（7分）★

「好きです！学校の〇〇」のやり取りをします。

*『小学校英語サポート BOOKS　教師１年目から使える！英語授業アイテム＆ゲーム100』に収録

進め方

①以下の例のように,学校が何階建てなのか,どの部分にあるのかを絵で詳しく伝えるようにすると,児童は授業の流れ❸でのやり取りに沿って考えやすいです。

S1:Hello! I like the cooking room. I like school lunch! [ワークシートを見せながら]
S2:Me, too! I like curry and rice!
S1:Thank you!
S2:I like the playground. You can enjoy soccer! ... [続ける]

ポイント

この活動に入る前に,「英語で福笑い」*「学校の怪談で道案内」*の活動をしておきます。

学校の施設の名前をたくさん学習する単元で,語彙量だけでもたくさんあるので,好きな場所を紹介するときは,使用する言語材料,特にセンテンスを多くしすぎない工夫が必要です。

"I can enjoy ..." の表現は enjoy -ing の形をとらなくても,enjoy の後に soccer や教科の名前,books など名詞をつけて伝えられるものが多いため,enjoy を紹介するのがおすすめです。

【アイテム】
好きな場所ワークシート　　ワークシート記入例

Let's Try! 2 Unit 9 This is my day.

10 みんなの一日をシェア！
アイテム 一日の流れカード

【準備】

一日の流れカードをグループの数だけ印刷して切り，ラミネートをかけておきます。

アイテムの紹介

一日の流れを聞いて，グループでカードを順に置いていき，日課を完成させる教材です。

授業の流れ

❶教科書の映像教材の視聴（5分）

教科書の映像教材を視聴します。

❷インプット活動（5分）★

教師の一日の流れを伝えながら，一日の流れカードを見せて順に並べます。

プロジェクターやパソコンのカメラなどで手元を見せると簡単に紹介できます。

❸「みんなの一日をシェア！」の活動1（10分）★

児童何人かの一日を聞いて，グループでカードを順に並べます。

❹「みんなの一日をシェア！」の活動2（10分）★

一人ずつグループのメンバーに一日の流れを伝えていき，他のメンバーはカードを順に並べます。

＊『小学校英語サポートBOOKS　教師1年目から使える！英語授業アイテム＆ゲーム100』に収録

進め方

①一日の流れを聞きながら,まずはインプットベースの活動をします。教師が以下のように一日の流れを紹介します。

T：This is my day. I wake up in the morning.
　　Next, I brush my teeth. Brush, brush, brush …
　　And, I wash my face. Wash, wash, wash …
　　Then, I eat breakfast. I like natto rice! Do you like natto rice? ... ［続ける］

②児童はグループで協力しながら,カードを順に並べます。
③一人ずつグループのメンバーに一日の流れを伝えていき,他のメンバーはカードを順に並べます。

ポイント

一日の流れを表す表現をたくさん学習する単元で,一人ずつのやり取りが難しい児童もいます。

まずは,しっかりインプットを確保すること,そしてそれをただ聞き流すだけにならずに,全員がインプットに集中できるよう,カードを並べかえるというタスクを設けます。

グループの中で一人複数枚ずつカードを配り,教師が "I wake up in the morning." と言ったらそのカードを持っている人が机の中央に出すようにします。協力し合うので,定着も早いです。

「This is my day. まるっとワークシート*」に取り組んだ上でこのやり取りをして,アウトプットへつなげましょう。

【アイテム】
一日の流れカード

Chapter 3

5年 外国語
とっておきの授業
アイテム＆アイデア

Unit 1 Hello, friends! 名前や好きなもの・ことを伝え合おう。

1 名前教えて ABC

アイテム 名前教えて ABC ワークシート

【準備】

ワークシートを人数分印刷して配付します。

アイテムの紹介

名前と名前の綴りのやり取りを通してアルファベット認識を目指すワークシートです。

授業の流れ

❶教科書 Starting Out のリスニング（5分）

Starting Out のリスニングをします。

❷教師と児童のスモールトーク（7分）

"What's your name? How do you spell it?" をできるだけたくさんの児童に尋ねてやり取りをしていきます。

その際，児童のネームプレートを全体に見せながらやるか，黒板にスペルを書いてアルファベットを見せるようにしましょう。

❸英語表現の練習（4分）

やり取りに必要な表現を板書し練習します。また，ABC song も歌っておきましょう。

❹「名前教えて ABC」の活動（7分）★

「名前教えて ABC」のやり取りをします。

066

進め方

①はじめに自分の名前を4線に書くように指導します。
②以下のようなやり取りで，名前とそのスペルを伝え合い，アルファベット一覧に丸をしていきます。

S1：What's your name?
S2：My name is Maki.
S1：How do you spell it?
S2：M-A-K-I.
S1：［アルファベット一覧の文字に丸をつける］…［以後続く］

ポイント

この活動では，名前を伝え合う活動をしながら，アルファベット認識も目的としています。たくさんやり取りをしていくことで，スペルの中に「p，q，vやxが見つからない！」といった発見をする児童も出てきます。

またワークシート下部に2つの名前の綴りについて考えるパートがあります。ここでは，ローマ字と英語表記の違い，ローマ字では表せない音をどのように綴るか，外国語や多文化理解を目的としています。

ぜひ，クイズ形式でやってみてください！

Unit 2 Happy birthday!　誕生日やほしいものを伝え合おう。

2　ドキドキ日付で爆弾ゲーム

【準備】

爆弾に見立てた箱とキッチンタイマーを用意します。

ゲームの紹介

序数の言い方を練習するゲームです。

授業の流れ

❶教科書 Starting Out のリスニング（5分）

Starting Out のリスニングをします。

❷教師と児童のスモールトーク（7分）

"When is your birthday?" "My birthday is ..." をできるだけたくさんの児童に尋ねてやり取りをしていきます。その際，序数を言えない段階のため，児童に指で数字を示してもらい，ジェスチャーで教師に伝えるようにします。教師は，そのジェスチャーをしながら児童の発言をリキャストします。ここでは，序数の読み方が数字とは違うことに気づかせます。

❸序数の練習（4分）

YouTube の「誕生日単元！日付のチャンツ[*1]」を使いながら序数の練習をします。

❹「ドキドキ日付で爆弾ゲーム」の活動（7分）★

「ドキドキ日付で爆弾ゲーム」をします。

❺「目指せ，完売！Birthday ケーキ」で誕生日のやり取り（10分）

「目指せ，完売！Birthday ケーキ[*2]」で誕生日のやり取りをします。

＊1　「誕生日単元！日付のチャンツ」（小学校外国語相談室）　https://www.youtube.com/watch?v=pJi8r5W-KBM
＊2　『小学校英語サポート BOOKS　教師1年目から使える！英語授業アイテム＆ゲーム100』に収録

068

進め方

①日付の英語を十分練習した後に活動を始めます。
②爆弾に見立てた箱にタイマーをセットして入れ，教室の端に座っている児童から順に，"1st (first)" と序数を一つずつ言い，後ろに座っている児童にパスします。
③パスされた児童は，"2nd (second)" と次の序数を言いながら，次の児童にパスします。
④タイマーが鳴ったときに爆弾に見立てた箱を持っている児童は "Oh, no!" と言います。
⑤教師はその児童に誕生日を言ってもらうなど，1文発話をさせると練習になります。

ポイント

「誕生日単元！日付のチャンツ」を最初に歌ってから1日ずつ練習することで，定着度が格段に上がります。

その後，「ドキドキ日付で爆弾ゲーム」では，序数の言い方を練習しますが，授業の流れ❺のやり取りをする際にクラスメイトの日付も聞き取れることが目標なので，自分の誕生日だけではなく，1日から31日までしっかりと言えるように練習したいところです。

爆弾ゲームのスタート地点となる児童を変え，一人ひとりが言う序数を変えられるように工夫しましょう。制限時間をクラス対抗にしたり，教師とALTの2人のタイムとクラスのタイムを競わせたりすると盛り上がります。言えない児童には，教師がそばに行ってヒントを伝えるようにしましょう。

Unit 2 Happy birthday! 誕生日やほしいものを伝え合おう。

 誕生日多めスゴロク
アイテム 誕生日多めスゴロクワークシート

【準備】
　グループの数だけワークシートを準備しラミネートをかけておきます。また、スゴロクで使用するサイコロもグループの数だけ準備します。児童は、自分のコマ用に消しゴムを使用します。

アイテムの紹介

　Unit１・２の総復習として、自己紹介をしながら進めるスゴロクです。誕生日を伝えるマスが多めに設置されています。

授業の流れ

❶ Unit１・２で習った表現の復習（5分）
　Unit１・２で習った表現を復習します。

❷「誕生日多めスゴロク」の活動（15分）★
　「誕生日多めスゴロク」のやり取りをします。

❸ 教科書 Enjoy Communication のやり取り（5分）
　Enjoy Communication の活動に取り組みます。「ワクワク I want*」のプレゼントカードを使用すると盛り上がります。

❹ ライティング（10分）
　音声に十分慣れ親しんだ段階で、「書く活動」に入りましょう。

＊『小学校英語サポートBOOKS　教師１年目から使える！英語授業アイテム＆ゲーム100』に収録

進め方

①グループになり，じゃんけんでサイコロを振る順番を決めて始めます。
②他の児童と協力してスゴロクのマスに書かれた質問や指示を読み，サイコロを振った児童は答えていきます。
③一番早くゴールにたどり着いた児童が勝ちです。

ポイント

それぞれのマスにイラストでヒントが書かれていますが，音声に十分慣れ親しんでいることが前提のスゴロクシートです。単元最後のゲームや，パフォーマンステストの待ち時間や，学期末の時数調整で大活躍です。

自己紹介を中心に，3・4年の外国語活動で慣れ親しんだ表現や，Unit1・2で学んだ表現で構成されています。

「読む活動」が苦手な児童も，グループで他の児童と一緒に活動することで，文字認識をアップさせることがねらいです。誕生日の表現は，パフォーマンステストの頻出表現なので，このスゴロクでしっかり定着できるよう，誕生日のマスを多めにつくりました。

「あーまただ！」と児童も楽しみながらたくさん言うことで自信をもってテストに臨めます。

【アイテム】
誕生日多めスゴロクワークシート

Unit 3 Can you play dodgeball?　できることを伝え合おう。

みんなはできる？
アイテム みんなはできる？教師⇔児童のインプットシート

【準備】
教材を印刷してラミネートをかけておきます。

アイテムの紹介

Unit 3 の I can ... の導入単元で使える教師と児童の対話的インプット（スモールトーク）で使える教材です。can の後に続く動詞の紹介でも，フラッシュカードとして使えます。

授業の流れ

❶教科書 Starting Out のリスニング（5分）
Starting Out のリスニングをします。

❷「みんなはできる？」の活動（15分）★
インプットシートを使って教師と児童で対話をします。

❸言語材料の紹介（5分）
can の紹介や，can の後に続く動詞を，インプットシートを使って確認します。

❹やり取り（10分）
❺の活動や「can で係決め」*や「Can you read 人鳥？」*などのやり取りを行います。

＊『小学校英語サポート BOOKS　教師１年目から使える！英語授業アイテム＆ゲーム100』に収録

072

進め方

①新しい表現を導入する際，教科書リスニングの後に，教師と児童の対話的インプットをして豊富なインプットを確保しましょう。以下のようなやり取りをしながら，児童に I can ... の発話を求めず，Yes か No で答えられる程度のやり取りにとどめます。

T：Look at this man. He is a baseball player. He can play baseball, and I can play baseball, too. How about you? Can you play baseball?［教室を歩きながら一人ずつ児童に尋ねていく］
S：Yes!
T：Wow! You can play baseball. I can play baseball! Hi five!!［ハイファイブをする］

②①のやり取りをすべてのフラッシュカードを使って続け，できるだけたくさんの児童に尋ねます。

ポイント

教科書リスニングだけでは，新しい英語表現の定着は難しいものです。can がどのような意味を表すのか，どのように使われるのか，どのような場面で使用されるのかを教師と児童のリアルな対話でインプットさせていきます。

こうすることで，文法説明を端的にとどめることができ，児童の丸暗記感が軽減されます。

【アイテム】
みんなはできる？教師⇔児童のインプットシート

play baseball

do a kendama trick

say the alphabets

swim fast

Unit 3 Can you play dodgeball? できることを伝え合おう。

野菜嫌いはいませんか？

アイテム 野菜嫌いはいませんか？ワークシート

【準備】

ワークシートを人数分印刷して配付します。

アイテムの紹介

Unit 3 の "Can you eat / drink ○○ ?" だけでやり取りできる導入時間におすすめのワークシートです。

授業の流れ

❶教科書 Starting Out のリスニング（5分）

Starting Out のリスニングを行います。

❷インプット活動（15分）

❹のインプットシートを使い，対話的なインプット活動を行います。

❸言語材料の紹介（5分）

can の紹介や，can の後に続く表現を❹の教材（eat green peppers / drink coffee の 2 枚）を使って紹介します。その際，eat / drink の後に様々な食べ物や飲み物を続けてたくさん児童に尋ねましょう。

❹「野菜嫌いはいませんか？」の活動（10分）★

ワークシートを使って，まずは "Can you eat ○○ ?" で野菜嫌いがいないかをクラスメイトに聞いていきます。

ミドルコメント後に，野菜や果物を使って自由にジュースとスープを考えて記入します。

その後，"Can you drink ○○ ?" でやり取りをしていきます。

進め方

①言語材料紹介の後，ワークシートを配り野菜の英語表現を確認します。
②以下のようにクラスの中に野菜嫌いがいないかをペアになって"Can you ○○?"で尋ねていきます。

　S1：Hello! Can you eat green peppers?
　S2：Yes! I can eat green peppers.

③ミドルコメントとして，児童のやり取りを観察し，難しそうな表現や単語，やり取りのポイントやルールについて確認します。
④ワークシート右部の飲み物（ジュースとスープ）に，好きな野菜と果物を選んで書き，オリジナルドリンクを作ります。その後，以下のやり取りのように尋ねていきます。

　S1：Hello! Do you like tomatoes?
　S2：Yes! I like tomatoes.
　S1：Can you drink tomato juice?
　S2：Umm ... No, I can't.

ポイント

やり取り例では，"Do you like ○○?"の既習表現も含めていますが，児童の様子ややり取りに確保できる時間を考慮して，canを使った表現に限定してやり取りすることもできます。

【アイテム】

野菜嫌いはいませんか？ワークシート　　　ワークシート記入例

Unit 4 Who is this? 身近な人について紹介し合おう。

私の親戚です
アイテム 親戚カード

【準備】
カードを1人1枚になるように印刷して切り，ラミネートをしておきます。

アイテムの紹介
身近な人を紹介する表現を練習するためのカードです。

授業の流れ

❶教科書 Starting Out のリスニング（5分）
Starting Out のリスニングをします。

❷英語（He・She）の紹介（15分）
著名人やキャラクターなどの写真を使って He や She を使って紹介します。

❸言語材料の紹介（5分）
He と She を整理しながら，センテンスへつなげて，紹介していきます。

❹「私の親戚です」の活動（10分）★
カードを使い，やり取りをしていきます。紹介し合ったら最後にカードを交換し，違うクラスメイトとやり取りを続けていきます。

進め方

①HeやSheの言語材料の紹介が終わったら，性格を表す表現，canを使って得意なことを表す表現なども紹介し，センテンスが作れるように練習しておきます。
②授業の流れ❹のやり取りのために，1人1枚，カードを配ります。
③以下のやり取りのように，カードに書かれたキャラクターを，自分のよく知る親戚の人として想像して，紹介をしていきます。

S1：Hello! This is Santa Claus. He is kind. He can sing Christmas songs.
S2：Wow! Great!! This is Nancy. She is a music teacher. She can play the piano!
S1：Good!

ポイント

この単元では，ジェンダーやジェンダー代名詞の観点から，実際のクラスメイトを紹介し合う活動には，注意が必要です。また，HeやSheの導入時には，あまり難しい表現を使用しなくてもできるよう，キャラクターの名前を想像して伝えるのみにとどめます。

単元が進むにつれて，性格や得意なことを想像で伝えるやり取りへ発展させたり，同じ教材を使って基礎から発話内容を増やしたものへと発展させたりする，伝え合う練習ができます。

ユニークなキャラクターも含まれているので，児童の想像力を使って，楽しみながらやり取りができることをねらいとしています。

【アイテム】
親戚カード

Unit 5 Let's go to the zoo. 場所をたずねたり，案内したりしよう。

Tom の家はどこ？

アイテム Tom の家はどこ？ワークシート（A・B）

【準備】

「Tom の家はどこ？」の２種類（A・B）のワークシートを，クラスで均等に配付できるように人数分印刷しておきます。

アイテムの紹介

道案内をしながら Tom の家を探すインフォメーションギャップの活動で使うワークシートです。

授業の流れ

❶教科書 Starting Out のリスニング（5分）
Starting Out のリスニングをします。

❷「迷わない・迷わせない道案内」で道案内の英語表現を導入（15分）
教科書の図や「迷わない・迷わせない道案内」*を使いながら表現に慣れるようにします。
まずは教師から児童へ，道案内を聞かせて，児童は消しゴムなどを使って案内された道順をたどります。その後，クラス全体で道案内に挑戦します。

❸言語材料の紹介（5分）
"Go straight." "Turn right at the second corner." などの表現を整理しながら，センテンスへつなげて紹介していきます。

❹「Tom の家はどこ？」の活動（10分）★
「Tom の家はどこ？」のインフォメーションギャップの活動をします。

*『小学校英語サポート BOOKS 教師１年目から使える！英語授業アイテム＆ゲーム100』に収録

進め方

①ワークシートを配り，下部に書かれた手順で，AとBがペアになるように，クラスメイトと道案内をし合います。

②bakeryと4人の家の道案内を伝え合い，残った家がTomの家です。

以下のように進めます。

S1：Hello! Where is Hana's house?

S2：OK! Go straight and turn right at the first corner. Go straight and turn left at the cake shop. Go straight and you can see it on your left.

S1：Thank you!

ポイント

このインフォメーションギャップの活動は，児童が基本的な道案内の表現に十分慣れ親しみ，伝え合うことができる知識・技能が備わっている単元最後に取り入れるのがおすすめです。

目的地まで案内し合うだけでは盛り上がりに欠けますが，このワークシートでは最後までやり取りしないとTomの家がどこかわからないのでドキドキ感が楽しめます。

【アイテム】

Tomの家はどこ？ワークシート（A・B）

Unit 6 At a restaurant. ていねいに注文したり，値段をたずねたりしよう。

お店でおなかいっぱい注文！

アイテム　メニューシート（サンドイッチ・カフェ），チケット

【準備】
　メニューシート（2種類）は，店員役の児童数分だけ印刷します。チケットはすべての児童数分印刷して配付します。

アイテムの紹介

　予算の範囲内で，食べ物屋さんで買い物をするロールプレイの活動のための教材です。

授業の流れ

❶ **教科書 Starting Out のリスニング（5分）**
　Starting Out のリスニングをします。

❷ **教科書 Your Turn のリスニング教材などを使った児童との対話（7分）**
　教科書の Your Turn のリスニング教材などを使って児童と対話します。
　"What would you like?" と問いかけながら児童がメニューを選んだり，"How much is it?" "Let me see ..." と値段を一緒に確認したりして計算するなど，「教師と一緒にカフェにいる」という設定でやり取りをすると，対話がしやすいです。

❸ **言語材料の紹介（5分）**
　言語材料を紹介します。

❹ **「お店でおなかいっぱい注文！」の活動（15分）★**
　「お店でおなかいっぱい注文！」のやり取りをします。

進め方

①クラスを半分に分け，店員役（サンドイッチ屋さん or カフェ）はメニューを持ち，お客さん役を迎えます。その際，机の位置や向きをアレンジして混雑を避け並ぶことができるようにしましょう。

②お客さん役はチケットを持って以下のようにやり取りし，必要な分だけのチケットを店員役に渡します。

S1（店員）：Hello! What would you like?
S2（客）：I'd like lemonade and cheese cake. How much?
S1（店員）：1400 yen.
S2（客）：OK! Thank you!［チケットを渡す］

ポイント

英語でのロールプレイの活動は，盛り上がること間違いなしです。ですが，あまり騒がしくなりすぎないよう，「お行儀よくお店に並びましょう」と声掛けしましょう。

与えられたチケットで「できるだけたくさん食べたい！」と頑張る子や，好きなものを「どれにしようか」と迷う子がたくさんいるので，やり取りの時間はいつもよりも長めに確保しましょう。

また，食べ物や飲み物の単語がなかなか難しくて言えない児童は，番号でも注文できます。児童の理解度や単語レベルに合わせて使ってください。

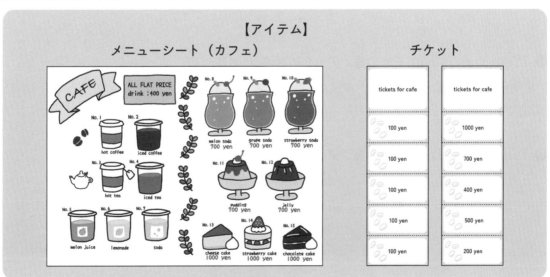

Unit 7 Welcome to Japan! 日本の素敵な場所をグループで紹介しよう。

 Yum Yum Japan! 日本の食ツアー
アイテム Yum Yum Japan! ワークシート

【準備】
ワークシートを児童分，両面印刷しておきます。

アイテムの紹介

日本のいろいろな食を発見するためのやり取りのためのワークシートです。

授業の流れ

❶ 教科書 Starting Out のリスニング（5分）
Starting Out のリスニングをします。

❷ 言語材料のリスニング（5分）
　教師がスライドなどを見せながら，日本各地の紹介をし，言語材料を聞かせる都道府県クイズをすると盛り上がります。特産物や有名なごはんなどを織り交ぜて，"I want to eat ..." につなげられるように "I want to go to / eat ○○." を重点的に話します。

❸ 言語材料の紹介（5分）
" I want to go to ..." はチャンツで練習すると定着がはやいです。

❹ 「Yum Yum Japan! 日本の食ツアー」の準備（10分）
　児童は自分の行きたい都道府県とそこで食べたいものを１人１台端末で調べてワークシートに記入します。

❺ 「Yum Yum Japan! 日本の食ツアー」の活動（7分）★
「Yum Yum Japan! 日本の食ツアー」のやり取りをします。

082

進め方

①日本の中で行きたいところとその理由（食べ物）を紹介するやり取りを通して，都道府県の場所の確認や，特産物を交えて学習します。

②一人ひとりが調べる都道府県は，個人が行きたいところでもいいですが，せっかくなので調べる県を割り当て，やり取りを通して日本の食ツアーのようになるのも楽しいです。

③以下のようにやり取りを進めます。

S1：Hello! Where do you want to go?
S2：［ワークシートを見せながら］I want to go to Kagawa! I want to eat Udon!
S1：Nice! ［裏面の地図に書き込む］
　　I want to go to Osaka! I want to eat 豚まん at 551 HORAI!

ポイント

「行きたいところを伝えよう」というやり取りの設定だけでも意味のあるコミュニケーションになりますが，「日本の食ツアーをしよう」と一言やり取りの目標を伝えたり，このようなワークシートを使用したりするだけで，児童のやり取りに対する積極性は格段に上がります。

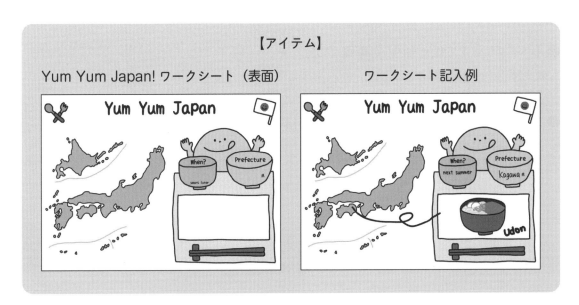

Unit 7 Welcome to Japan! 日本の素敵な場所をグループで紹介しよう。

10 ハイブリッドで観光案内
アイテム　観光案内カード

【準備】
観光案内カードを児童分印刷しておきます。

アイテムの紹介

教科書 Enjoy Communication の活動で使える観光案内カードです。

授業の流れ

❶教科書 Starting Out のリスニング（5分）
Starting Out のリスニングをします。

❷モデルとなる観光案内の紹介（5分）
教師がスライドなどを見せながら，モデルとなる観光案内をします。
様子や感想なども交えながら紹介しましょう。

❸言語材料の紹介（5分）
言語材料を紹介します。

❹「ハイブリッドで観光案内」の準備（10分）★
観光案内カードの準備をします。

❺「ハイブリッドで観光案内」の活動（グループ発表）（7分）★
グループで発表します。

084

進め方

・準備
①発表前の準備として，観光案内カードの4線に紹介したい地方（上部）と場所（下部）の英語を書きます。
②正しく書けているか教師がチェックした後，児童はワークシートを1人1台端末のカメラで撮影し，スライドに貼り付けます。
③ワークシート中央の四角にインターネットで見つけた紹介したい観光地の画像を挿入します。

・グループ発表
S：I want to go to Nara. I want to go to Todai-ji ...［続ける］

ポイント

観光地の紹介のワークシートを手書きで作成するには相当な時間を要します。
児童にしっかり取り組んでほしい「書く活動」は4線に書き，紹介したい場所や行事は端末にワークシートを取り込んで，それに写真を貼り付けて完成させると児童の負担や時間が少なくて済みます。
また，発表のときはテレビに簡単に映すことができるので，聞いている児童も見やすくなります。

Unit 8 Who is your hero?　あこがれの人について紹介し合おう。

11 すごい！Hero 一家

アイテム　すごい！Hero 一家ワークシート（7種類）

【準備】

7種類のワークシートを児童分印刷しておきます。

アイテムの紹介

ヒーロー紹介を練習するための教材です。

授業の流れ

❶教科書 Starting Out のリスニング（5分）

Starting Out のリスニングをします。

❷ヒーローの紹介（5分）

教師がスライドなどを見せながら，モデルとなるヒーローを紹介します。

児童がよく知っているキャラクターで，できること・得意なこと・性格などを児童と対話します。

❸言語材料の紹介（5分）

言語材料を紹介します。

❹「すごい！Hero 一家」の準備（5分）★

「すごい！Hero 一家」の活動を準備します。

❺「すごい！Hero 一家」の活動（10分）★

「すごい！Hero 一家」のやり取りをします。

進め方

①やり取り前の準備として、児童は配られたワークシートに描かれたヒーローのキャラクターを紹介する内容を考えます。
② "He / She can ..." や "He / She is good at ..." や、また性格などの表現を使って好きなようにヒーローのキャラクターを作ります。
③授業の流れ❺のやり取りはペアで行い、紹介されたキャラクターの白抜きのところにメモをしていきます。
④ Hero 一家すべて集まったらやり取りは終わりです。以下のように進めます。
　S１：Hello! This is Hero Mom! She can fly! She is good at cooking. She is kind.
　S２：Oh! Good! ［ワークシートの Hero Mom の白抜きにメモをする］
　　　This is Hero Grampa! He can run fast. He is good at golf! He is kind!

ポイント

　自分のヒーローを伝えようという単元最後の活動に向けて、練習の段階から伝え合ってしまうとワクワク感が減ってしまいます。
　まずは、言語材料を使って英語で正しく伝えるための練習材料として、このワークシートを使うことをおすすめします。
　自分の作った英語を伝える練習にはもちろん、友だちの作った英語を楽しく聞いて紹介し合うこの活動は、特におじいちゃんとポチが人気です！

【アイテム】
すごい！Hero 一家ワークシート（おじいちゃん・ポチ）

【教室掲示】

12 4線おうち
アイテム 4線おうち

【準備】

4線おうちを印刷します。ラミネートをして準備しておきます。

アイテムの紹介

小文字の高さの違いは，外国語の「書く活動」の中で児童がとても難しく感じることの一つです。その文字の高さを「家」に見立てる教材です。高さを「家」に見立てて説明すると児童もイメージしやすく，定着がはやいです。

使い方

「書く活動」の板書で教師がライティングのモデルを提示するとき，マグネットタイプの4線シートなどと並べて使います。4線上の高さを説明するとき，「2段目」や「ベースライン」といった言葉を使うよりも，4線を家に見立てて，上から「2階」「1階」「地下1階」と言います。たとえば，「小文字のrの高さは，1階建てだよ」いうふうに説明すると，児童もまねをして書きやすくなります。4本の線が見にくい児童は，「〇段目」という言葉を使って指示するよりも，家のイメージで言った方がわかりやすく感じるようです。

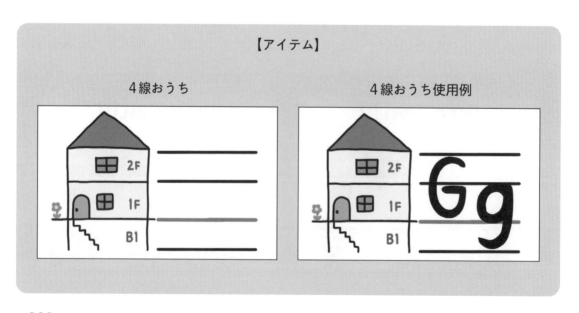

【教室掲示】

13 ライティングルール4つ

アイテム　ライティングルール4つ

【準備】

ライティングルール4つを印刷します。それぞれ一つずつに分けて切り，ラミネートをします。四角に切ると，ジッパー付き袋から取り出しやすくなります。

アイテムの紹介

書くときのルールの定着のために，教師がモデルを提示する際，毎回ルールを確認する際に掲示するアイテムです。これをパパっと掲示し，「書く活動」をしましょう。

使い方

マグネットタイプの4線シートを使い，板書でライティングのモデルを提示するときに，これを掲示しながら指導すると効果的です。4つのルール，

①文章のはじめは大文字
②単語と単語の間はスペース
③フラフラせず4線にそって
④文章のおわりはピリオド

を児童と一緒に確認します。②はスペースを空けたつもりでも狭くなるのを防ぐために，指一本分空けるように伝えます。①②の4線おうちと一緒に使います。個人の「書く活動」に入るときは，この4つのルールが手元で確認できるよう「ライティング伝票*」を配付するとさらに効果的です。

*『小学校英語サポートBOOKS　教師1年目から使える！英語授業アイテム＆ゲーム100』に収録

【アイテム】

ライティングルール4つ

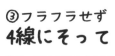

【リーディング・ライティング】

14 ライティング教材
アイテム　ライティング教材

【準備】
ライティング教材を人数分印刷します。

アイテムの紹介

すでに音声で十分慣れ親しんだ単語を文字へ移行したい。そんなときに自主学習教材として無理なく取り組めるライティング教材です。

イラスト（音声で言う）→単語と線でつなぐ（読む活動）→つないだ単語を４線に書き写す（書く活動）の一連の流れで取り組みます。他の単語と混ぜて点つなぎにすることで，児童が注意深く単語を読もうとすることをねらいとしています。パフォーマンステストの待ち時間や自習時間にぜひ活用ください。

使い方

人数分印刷をして配付します。児童の単語認識力，読むスピード・書くスピードの個人差を考慮して，１回ですべてのワークシートを配らずに，１枚ずつ取り組ませ，自由進度学習として活用することをおすすめします。

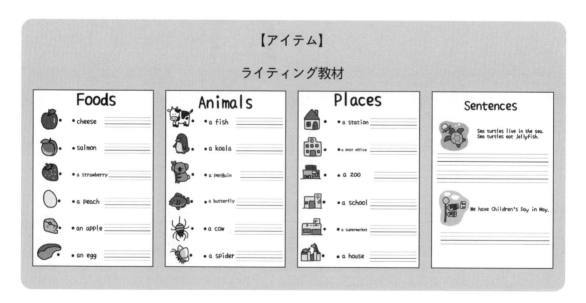

【リーディング・ライティング】

15 神経衰弱

アイテム 神経衰弱カード

【準備】

神経衰弱カードをグループの数分印刷して切ります。神経衰弱で遊ぶので，イラストが透けないように台紙を用意してラミネートします。

アイテムの紹介

文字認識をもっと楽しく！ ゲームを通して，単語とイラストのマッチングができる神経衰弱ゲーム教材です。音声で慣れ親しんだ単語のうち，ローマ字を頼りに読めそうなもの，単語の綴りが似ているもの，単数形・複数形など，ゲームをしながらも，単語の綴りについて細かいところまで注目してほしいというねらいの教材です。グループでクラスメイトと楽しく文字認識を目指します。

使い方

グループで遊べるように，グループの数だけ準備します。
イラストのカードと文字のカードのペアで神経衰弱をします。
授業のおたのしみ時間や，パフォーマンステストの待ち時間に活動するのもおすすめです。

【アイテム】

神経衰弱カード

【パフォーマンステスト（事前指導）】

16 質問見える化シート
アイテム 質問見える化シート

【準備】
人数分印刷し，配付します。

アイテムの紹介

パフォーマンステスト後半の「フリートーク」で会話を発展させるスキルを，ペアで事前に練習するためのシートです。既習の言語材料や音声で慣れ親しんだ質問をまとめています。

使い方

フリートークでは，教師としてはALTの先生に積極的に質問をしてほしいと期待しますが，児童にとっては話の流れを壊さずにどのような質問をしたらいいかわからないという課題があります。

ALTからの質問がきたとしても，児童が予想していないものになる可能性もあり，質問への答え方にも練習が必要です。このシートで，個人練習→ペア練習と進める中で，ペアで質問し合ったりその受け答えを練習させたりします。

先生役の児童はシートを見ながら質問し，テストを受ける役の児童は，質問された文章を文字で確認しながら答えを考えます。

何も見ずに質問のやり取りをすることは，児童にとってかなりハイレベルです。このような視覚化した教材があるだけで，たくさんの質問をしようと児童も前向きに練習に向かうことができます。

【パフォーマンステスト（事前指導）】

17 リアクション早い者勝ちゲーム
アイテム 質問カード，答えるカード，リアクションカード

【準備】
質問カード，答えるカード，リアクションカードを人数分印刷して切ります。

アイテムの紹介

英語のやり取りの中では，相手が言ったことに "Nice!" や "Really?" と反応できるようになってほしいものです。コミュニケーションを円滑にするための「反応をする」ことは，児童にとって難易度の高いものです。これをゲームで楽しく遊びながら，練習できる教材です。

使い方

グループや班で遊びます。カードを均等になるようにして配り，「質問カード」を持っている人でじゃんけんをします。勝った人は，持っている質問カードを中央に出し，それに続いて「答えるカード」を持っている人が早い者勝ちで自分の意見を伝えながら中央に出します。その答えた質問に対して「リアクションカード」を早い者勝ちで出します。

「質問カード」「答えるカード」「リアクションカード」を自然な会話になるように出し，手元のカードがすべてなくなった人が勝ちです。

授業開きや普段の授業の隙間時間でも活用してぜひ遊んでください。

【アイテム】

質問カード / リアクションカード

【パフォーマンステスト（時間調整）】

18 10プラ
アイテム 10プラシート

【準備】
　教材をカットしてカードにし，ラミネートをして補強します。シートは1グループ（5人程度）に2枚×2の合計4枚程度がおすすめ枚数です。

アイテムの紹介

　比較的短時間で遊ぶことができ，また英語が苦手な児童でも10までの数字だけ言うことができれば遊べるので，簡単に取り組めます。授業開きや時数調整などでもぜひご活用ください。

使い方

　グループや班で遊びます。
　まずは，すべてのカードを均等になるように配ります。配られたカードは他のメンバーには見せません。じゃんけんでカードを出す順番を決めておきます。
　順番にカードを1枚ずつ出していき，その都度足し算をしていきます。カードを出すときに足し算した数字を英語で言います。カードを順に足していき，合計でぴったり10（テン）を目指します。10になったら，横に置きキープしておきます。これを続けていき，10を超えるカードしか出せない人は，これまでキープされていたカードをすべて引き取ります。このようにゲームを続け，手元にカードがなくなった人が勝ちです。
　1〜5カードは，1から5のうち，好きな数字で出せるカードです。

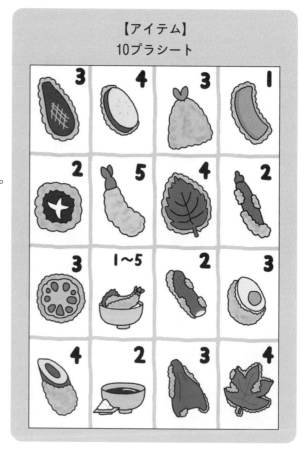
【アイテム】
10プラシート

【パフォーマンステスト（時間調整）】

19 ダウト
アイテム ダウトカード

【準備】

教材をカットしてカードにし，イラストが透けないように台紙とともにラミネートします。

アイテムの紹介

英単語だけで遊べるゲームです。グループや班で遊びます。数字や動物など児童がすでに学習した単語をアウトプットするのに最適なので，6年生にもおすすめです。

使い方

まずは，"numbers"カードだけをあらかじめ抜いて机の中央に置いておきます。その他のカードを均等になるようにして配ります。カードは他のメンバーには見せず，カードを出すときも裏向きで出します。最初のお題はnumbersなので，手持ちのカードの数字が書かれたカードを，その数字を英語で言いながら裏向きで中央に出します。もし数字カードを持っていない場合は，他のカードを適当な数字を言いながら出します。数字は順番に出さなくても大丈夫です。他の児童が嘘だと気づいたら「ダウト！」と言い，嘘ならカードを出した人が，嘘でなければ「ダウト！」といった人がこれまで出されたすべてのカードを引き取ります。手元にカードがなくなれば勝ちです。お題カードは"change"カードが出されると出すことができます。

【アイテム】

ダウトカード

1 2 3 numbers	colors	animals	adjectives
1	2	3	4
5	6	7	8

big	small	long	short
fast	slow	hot	cold
cute	scary	change	change

095

【パフォーマンステスト（時間調整）】

20 マンスリーワークシート
アイテム マンスリーワークシート

【準備】

人数分印刷し，配付します。

アイテムの紹介

月ごとに内容がちがう「読む活動」「書く活動」のワークシートです。Dot to Dotや簡単な英語を読んでイラストを描くなど，児童が音声で慣れ親しんだ表現を文字認識につなげることができます。

使い方

1，2，3，5，6，7，9，10，11，12月分があります。

パフォーマンステストの待ち時間だけでなく，自習課題としても活用できます。英語教室の前や廊下に「ご自由にお取りください」として置いておくと，中学年にも人気で楽しんで取り組む様子が見られます。楽しく「読む活動」「書く活動」を取り入れたいけれど，なかなか時間が確保できないときは，月に1回だけこのワークシートに取り組むと決めると，負担が少ないです。

【アイテム】

マンスリーワークシート

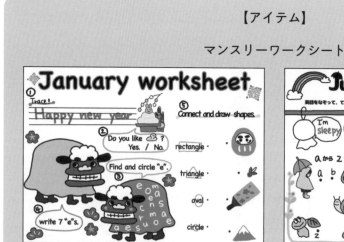

096

【パフォーマンステスト（評価）】

21 Sample Rublic
アイテム Sample Rublic シート

【準備】

テストを評価する際，教師の「イメージ」やその場の雰囲気で評価をせず，児童の頑張りを適切に評価するために，ルーブリック作成が必須です。

言語材料の正確性（知識・技能），場面に適した応答・表現（思考・判断・表現），相手に伝えるための工夫（主体的に学習に取り組む態度），それぞれの項目で，１つの発言に対しての点数などを，具体的に決めておきましょう。

アイテムの紹介

ルーブリックの作成のためのサンプルです。適宜変更してご活用ください。

使い方

パフォーマンステストの詳細が決まったら，評価項目や配点を決め，Sample Rublic シートに入力します。

入力したら，教員同士の打ち合わせをします。児童にも提示し，テストの目標を立てられるよう，パフォーマンステスト実施について説明をしましょう。

こちらを人数分印刷して採点用紙としても活用できます。

【パフォーマンステスト（評価・振り返り）】

22 パフォーマンステスト 振り返りシート

アイテム　パフォーマンステスト振り返りシート

【準備】

パフォーマンステスト振り返りシートを人数分印刷します。

アイテムの紹介

普段の授業では感じられない大きな「達成感」を振り返りという形で記録に残すと，こちらが驚くほど真剣に，自分自身の思いを書く児童が多いです。このパフォーマンステスト専用振り返りシートをぜひ活用してください。

使い方

採点用紙と合わせて，パフォーマンステスト振り返りシートも返却します。

①平均的によくできていた発話
②多かった間違いや難しいポイント
③テスト前の児童の様子
④テスト中の児童の様子

について，児童に伝えます。

①②は評価に関わることですが，それに加えて，次回のパフォーマンステストに向けて児童の自信につながることや課題を伝えます。

③④については，事実というよりも，教師が児童の成長を見て感じたアイ・メッセージを伝えます。

教師からの言葉が児童の英語学習を続けるモチベーションアップにつながります。

【アイテム】
パフォーマンステスト振り返りシート

パフォーマンステスト
振り返り

（　　　）年　（　　　　）組
名前（　　　　　　　　　　）

授業や練習でチャレンジしたこと、本番で発揮できましたか？
振り返りをしましょう。
例）練習では〇〇〇。本番では、□□□。

授業 練習	→	パフォーマンステスト（今日）
難しかったこと 工夫したこと 集中して取り組んだこと 私の練習法		発揮できたこと やっぱり難しいと思ったこと やってみて感じた達成感

098

Chapter 4

6年 外国語
とっておきの授業
アイテム＆アイデア

Unit 1 This is me! 好きなものや宝物などについて紹介し合おう。

1 懐かしのプロフィール帳

アイテム 「懐かしのプロフィール帳」シート

【準備】

「懐かしのプロフィール帳」シートを児童数分印刷しておきます。

アイテムの紹介

自己紹介の「書く活動」のためのワークシートです。

授業の流れ

❶教科書 Starting Out のリスニング（5分）

Starting Out のリスニングをします。

❷教師と児童のスモールトーク（7分）

教師と児童のスモールトークで，教師や ALT の自己紹介をします。クイズ形式で，"What color do I like? Any idea?" でやり取りをすると児童の発話を促しやすいです。

❸英語表現の練習（4分）

言語材料を板書し，練習します。

❹やり取り（7分）

自己紹介についてのやり取りをします。

❺「懐かしのプロフィール帳」の活動（15分）★

「懐かしのプロフィール帳」を書く活動をします。

進め方

①「懐かしのプロフィール帳」シートを配付し，書く活動をします。

　使用する言語材料は，5年生で学習した表現がたくさんありますが，必ず復習として言語材料を紹介→音声でのやり取りというステップを踏んで「書く活動」に移りましょう。

ポイント

　6年生でクラス替えがあったり，担任の先生や英語専科，ALTが変わった場合はぜひ取り組みたい活動です。「書く活動」といっても，しっかり4線に正しく英語を書くところは名前だけにして，まずは「名前を正しく書く」活動を最優先にしています。

　その他には，4線はありませんが，教科書やPicture Dictionaryを使って英語単語を書く練習をさせましょう。できあがったら掲示することもできます。新年度の保護者会や公開授業の掲示物としてもおすすめです。

　昔，友だちと交換しあった懐かしのプロフィール帳の英語版です！「書く活動」がただの練習にならないよう，この教材で楽しく活動しましょう。

【アイテム】
「懐かしのプロフィール帳」シート

Unit 2 My Daily Schedule　日常生活について紹介し合おう。

我が家の定番メニュー
アイテム　我が家の定番メニューのワークシート

【準備】
我が家の定番メニューのワークシートを児童分印刷します。

アイテムの紹介

頻度の副詞と簡単な動詞を使って日常生活を伝えるためのワークシートです。

授業の流れ

❶教科書 Starting Out のリスニング（5分）
Starting Out のリスニングをします。

❷教師と児童のスモールトーク（7分）
　ここでは，たくさんの動詞をいきなり聞かせず，まずは，主語＋頻度の副詞＋動詞の順や，時刻を加えて伝える表現にとどめておきます。

❸英語表現の練習（7分）
言語材料を板書し練習します。

❹「我が家の定番メニュー」の準備（7分）
　この活動の前の時間までに，「食べる頻度の同じ人を探せ！*」の活動で頻度の副詞を練習しておきます。ワークシートに各自で情報を書き込みます。

❺「我が家の定番メニュー」の活動（10分）★
「我が家の定番メニュー」についてやり取りをします。

＊『小学校英語サポートBOOKS　教師1年目から使える！英語授業アイテム＆ゲーム100』に収録

102

進め方

①やり取りの前に授業の流れ❹ではワークシートに情報を書き込んで準備をしておきます。
②まずは，紹介したい食事を breakfast／lunch／dinner から選んで丸をつけ，時計のイラストにその時間を書き込みます。
③選んだ食事での定番メニューを頻度の副詞に沿って紹介します。やり取りは，以下のようにします。

S1：Hello! I usually have breakfast at 7 a.m. I usually eat natto rice. Do you eat natto rice?
S2：Yes! I sometimes eat natto rice. I usually have lunch at 12:10 p.m. I always drink milk. Do you drink milk?

ポイント

　この Unit 2 では，頻度の副詞・自国の表現・日常生活を伝える動詞句と多くの言語材料が扱われます。いきなりすべての動詞句を発話させるのではなく，やり取りで使用する言語材料を限定したテーマでコミュニケーション活動を行うと児童の混乱も最小限にでき，言語材料への注目度も上げることができます。
　まず，「食べる頻度の同じ人を探せ」では，頻度の副詞＋ eat の組み合わせで文型を定着させます。次にステップアップとしてこの「我が家の定番メニュー」の教材で，頻度の副詞と他の動詞（drink／have）の組み合わせを練習します。

【アイテム】
我が家の定番メニューのワークシート

Unit 3 My Weekend　週末にしたことを伝え合おう。

おじいちゃんと文通
How was your weekend?

> アイテム　おじいちゃんと文通 How was your weekend? のワークシート

【準備】

おじいちゃんと文通 How was your weekend? のワークシートを児童分印刷しておきます。ワークシートは2種類あり，児童に好きな方を選ばせられるように準備します。

アイテムの紹介

この教材は，外国のおじいちゃんと何気ない週末を紹介し合う文通を想定した教材です。週末の思い出を伝える「読む活動」と「書く活動」のための教材です。

授業の流れ

❶**教科書 Starting Out のリスニング（5分）**

Starting Out のリスニングをします。

❷**教師と児童のスモールトーク（10分）**

ここでは，単元最後の活動としての「書く活動」に向けて，すべての言語材料を扱います。

❸**既習表現の練習（5分）**

言語材料の表現を板書で整理しながらこれまでに学習した表現を復習していきます。

❹**「おじいちゃんと文通 How was your weekend?」の活動（20分）★**

「おじいちゃんと文通 How was your weekend?」の活動をします。ワークシート上部の「読む活動」を行ってから「書く活動」へ移ります。

104

進め方

①外国にいるおじいちゃんと何気ない週末を紹介し合う文通を想定した活動です。まず、ワークシート上部のおじいちゃんの週末の思い出を「読む活動」をします。

②①の後、自分の思い出を伝える「書く活動」をします。既習表現を使って、行ったところ、食べたもの、楽しんだこと、見たものなどを書きます。

以下のような内容を想定しています。

> I went to a shopping mall.
> I enjoyed shopping.
> I ate ice cream.
> It was sweet!

ポイント

週末の思い出を伝える単元目標で学習時期を選ばない単元ですが、一方で「週末特に何もしていない」と困り感を抱える児童も多いです。

この活動では、「外国のおじいちゃんに伝える」と設定することで「何気ない日常」を伝える意味を含ませることができます。

たとえば、児童にとって「普通」なことを、"日本で人気なゲームや、映画、料理"や"今どきの若い子"と内容に異文化交流の目的を加えることで普段の生活を紹介する楽しさをもつことをねらいとしています。

「外国でも同じなのかな？」という児童が想像を働かせられるよう促してくださいね。

【アイテム】
おじいちゃんと文通 How was your weekend?
のワークシート

Unit 4 Let's see the world. 世界の行きたい国について紹介し合おう。

行きたい！食べたい！神経衰弱

アイテム 行きたい！食べたい！神経衰弱カード

【準備】

行きたい！食べたい！神経衰弱カードをグループの数だけ印刷して切り，ラミネートをかけておきます。神経衰弱としてカードを裏向けて使うので，台紙に貼ると絵が透けずに遊べます。また，国と食べ物で台紙の色をかえておくとマッチングしやすいです。

アイテムの紹介

国と料理のマッチングで，"I want to go to / eat ..." の練習ができる神経衰弱の教材です。

授業の流れ

❶教科書 Starting Out のリスニング（5分）

Starting Out のリスニングをします。

❷教師と児童のスモールトーク（7分）

ここでは，「行きたい」「食べたい」の表現だけではなく，この教材にかかれている国の名前や食べ物の紹介も一緒にすると神経衰弱にスムーズに取り組めます。

❸既習表現の練習（5分）

学習表現に合わせて go to / eat のどちらかだけを紹介するか，2つの表現をどちらも紹介するか選びます。

❹「行きたい！食べたい！神経衰弱」の活動（15分）★

「行きたい！食べたい！神経衰弱」の活動をします。

進め方

①グループ内で向かい合って座り，カードをすべて裏返して順番に神経衰弱をしていきます。
以下のように英語を言いながら進めましょう。

Ss：Where do you want to go?
S1：I want to go to the U.K. [国カードをめくる]
　　　I want to eat fish and chips. [食べ物カードをめくる]

ポイント

　この単元では，自分の行きたい国について伝えることが目標ですが，そもそも世界の国やその国の食べ物や観光地のことをまずは知らなければなりません。
　この教材はカードの種類が多いですが，世界のことを知るという目的で作成しています。特に単元導入時の活動では，食べ物の名前や"I want to eat ..."と言うのではなく，"I want to go to ..."の「行きたい」の表現だけに絞って国旗マッチングをしながら，「この食べ物はなんていう料理かな」と世界の料理を知る時間としても大事な時間になると思います。

107

Unit 4 Let's see the world. 世界の行きたい国について紹介し合おう。

My travel plan
アイテム　My travel plan のワークシート

【準備】

My travel plan のワークシートを児童数分両面印刷をしておきます。

アイテムの紹介

Unit 4 の最後の「書く活動」として使える教材です。行きたい国やしたいことを書きます。

授業の流れ

❶教科書 Starting Out のリスニング（5分）

　Starting Out のリスニングをします。

❷教師と児童のスモールトーク（5分）

　ここでは，先生が事前に記入しておいた My travel plan を見せながらスモールトークをするとスムーズに次の活動に移りやすいです。

❸既習表現の練習（5分）

　単元最後の「書く活動」に向けて，これまでの学習表現をまとめて読む活動も取り入れましょう。

❹「My travel plan」のライティング（20分）★

　My travel plan の「書く活動」をします。

進め方

①ワークシートを配付し，自分の行きたい国と，そこでしたいことを書きます。
イラストを描くなどして，自分だけのパンフレットを作成します。

ポイント

この「書く活動」は単元の最後のまとめとして最適です。パンフレットのように作成していくことで，児童もデザインだけでなく，丁寧に英語を書こうとします。

また，行きたい場所の通な情報を盛り込むと会話がはずみます。

完成したら，それを使ってやり取りをしたり，教室に掲示したりして「伝える」場を設けましょう。

もちろん，そのままパフォーマンステストの教材として使用することもできます。

【アイテム】
My travel plan のワークシート

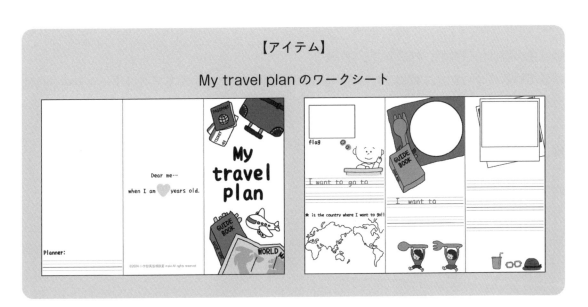

Unit 5 Where is it from? 世界とのつながりを考え，グループで発表しよう。

⑥ 私の服は〇〇産！
アイテム 私の服は〇〇産！のワークシート

【準備】
私の服は〇〇産！のワークシートを児童数分印刷をしておきます。

アイテムの紹介

Unit 5 のやり取りで使うためのワークシートです。

授業の流れ

❶教科書 Starting Out のリスニング（5分）
Starting Out のリスニングをします。

❷教師と児童のスモールトーク（5分）
　身の回りのものや，食べ物，海外のお菓子のパッケージなどを見せながら，どこの国で作られたものかを中心に対話的にインプットしていきます。

❸言語材料の紹介（5分）
基本的な表現や❹で扱いそうな国の名前を紹介します。

❹「私の服は〇〇産！」の準備（5分）★
　着ているTシャツのタグなどを見て，どこの国で作られたものかを見て，ワークシートに国名を書きます。

❺「私の服は〇産！」の活動（10分）★
「私の服は〇〇産！」のやり取りをします。

進め方

①言語材料を紹介した後,ワークシートを配ります。
②自分が今着ているTシャツなどの衣類のタグを見てどの国で作られたかを確認します。
③ワークシートには,衣類の柄のイラストを描き,国名を4線に書き写します。
④以下のようにやり取りをしながら,どこの国が多かったかを棒グラフにしていきます。

　S1：Hello! This is my T-shirt. It's from Vietnam.［ワークシートを相手に見せる］
　S2：OK!［棒グラフのベトナムの欄に○をつけ棒グラフを作っていく］

ポイント

　このやり取りでは,"It's from ○○."の表現だけを使ってやり取りをすることができます。
　ただ原産国を伝え合うのではなく,原産国調査にすることでどこの国・地域で多く作られているのか,メーカーの違いなどにも触れたい,というねらいがあります。

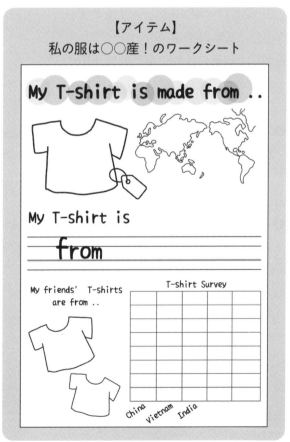

Unit 6 Save the animals. 生き物のためにできることを発表し合おう。

発見！Animal habitat

アイテム　発見！Animal habitat ワークシート，動物カード

【準備】

発見！Animal habitat ワークシートを児童分印刷しておきます。動物カードは１人につき１枚になるように印刷して切り，ラミネートをかけておきます。

アイテムの紹介

Unit 6 の動物の生息地についてのやり取りで使うためのワークシートです。

授業の流れ

❶教科書 Starting Out のリスニング（5分）

Starting Out のリスニングをします。

❷教師と児童のスモールトーク（5分）

動物とその動物が暮らす地域についてインプットしておきます。

❸言語材料の紹介（5分）

動物の名前，大きさや様子を表す形容詞，"〇〇 live in ..." の生息地を表す英語表現を紹介します。

❹「発見！Animal habitat」の活動（15分）★

動物の生息地についてのインフォメーションギャップのやり取りをします。

*『小学校英語サポート BOOKS　教師１年目から使える！英語授業アイテム＆ゲーム100』に収録

進め方

①ワークシートを配ります。
②動物カードはランダムに児童に配り，児童はその配られたカードに書かれている動物がどこに生息しているのかをワークシートのシルエットで照らし合わせていきます。
③以下のようにやり取りしながら，すべての動物の生息地を発見していきます。
　S1：Hello! Lions live in savanna.［動物カードを見せる］
　S2：OK! Lions live in savanna.［ワークシートの白抜き部分に動物名を書く］

ポイント

この単元では，CLIL的指導が中心となり，言語材料が多岐にわたります。
一度にたくさんの言語材料を盛り込まず，今回のこのワークシートでは生息地を伝える表現にとどめています。英語に苦手感をもつ児童も参加しやすいよう，使う言語材料は1つにし，その1つでたくさんの児童とやり取りをして定着を図ります。
このやり取りの後，「動物を救うのは君たちだ！」[*]の活動をすると，より楽しく環境問題と動物について考えられる機会になります。

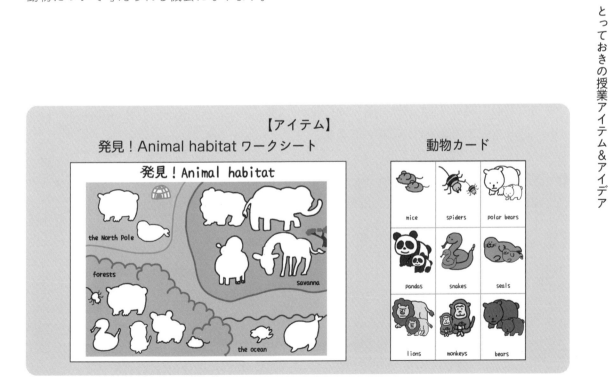

Unit 6 Save the animals. 生き物のためにできることを発表し合おう。

課題解決ゲーム！
What can we do for animals?

アイテム　What can we do？のワークシート，アクションカード

【準備】

　What can we do？のワークシートとアクションカードをグループの数だけ印刷しておきます。また，７の「発見！Animal habitat」の動物カードをこの活動でも使います。

アイテムの紹介

　Unit 6 の動物を救うために何ができるかをグループで考えるための教材です。

授業の流れ

❶ **教科書 Starting Out のリスニング（5分）**
　Starting Out のリスニングをします。

❷ **教師と児童のスモールトーク（5分）**
　動物の生息地を破壊したり，動物の命を脅かす問題について紹介し，その解決策として，4 R や他の対策も紹介します。

❸ **言語材料の紹介（5分）**
　動物の名前，問題，また 4 R（Refuse／Reuse／Reduce／Recycle）や "We can use ○○." ，eco-friendly などの言葉を紹介しておきます。

❹ **「課題解決ゲーム！What can we do for animals?」のグループでの活動（15分）★**
　「課題解決ゲーム！What can we do for animals?」のグループでの活動に取り組みます。

進め方

①まずワークシートとすべての動物カードを裏返してグループの中心に置きます。アクションカードをグループ内で均等になるように分配します。
②グループで1枚ずつ動物カードをめくり，出た動物の名前をグループで言います。"Polar bears!"
③その動物が直面する問題を考えてワークシートの4つの中から選びます。"Global warming!"
④その問題を解決するためのアクションカードを2種類出していきます。
　・Refuse／Reuse／Reduce／Recycle／eco-friendly action カードから1枚
　・その他のカードから1枚
　S：We can reduce driving! We can enjoy cycling!
⑤このグループでの活動を言語材料を言いながら続けていきます。

ポイント

この単元では，CLIL的指導が中心となり，言語材料が多岐にわたります。動物たちが直面する問題やそれを解決するためのアイデアは，グループで出し合った方がクリエイティブに進められ，協力して英語のアウトプットにつながります。

答えは決して一つではなく，ある一つの解決策が違う問題の解決策にもなる，新しい解決策を考える，など児童のdiscussionを促しながら，基本の言語材料の発話を期待しましょう。

また，Reduce + food loss など，アクションカードを2枚出すことで文章への発話をねらいとしています。

Unit 6 Save the animals. 生き物のためにできることを発表し合おう。

What can we do? ライティング
アイテム What can we do? ライティングのワークシート

【準備】
What can we do? ライティングのワークシートを児童分印刷しておきます。

アイテムの紹介

Unit 6 の「書く活動」のための教材です。

授業の流れ

❶ 教科書 Starting Out のリスニング（5分）
Starting Out のリスニングをします。

❷ 教師と児童のスモールトーク（5分）
　動物の生息地を破壊したり，動物の命を脅かす問題について紹介し，その解決策として，4Rや他の対策を紹介し，既習表現を使ってインプットします。

❸ 言語材料の復習（5分）
　動物の名前，問題，また4R（Refuse／Reuse／Reduce／Recycle）や "We can use 〇〇.", eco-friendly などのこの単元で学んだ言語材料を板書して復習しておきます。ワークシートの例を「読む活動」として活用するのがおすすめです。

❹ 「What can we do? ライティング」の活動（20分）★
　「What can we do? ライティング」の活動をします。単元のまとめとして，動物の紹介と動物を脅かす問題，その解決策についての「書く活動」に取り組みます。

進め方

①⑧の「課題解決ゲーム！What can we do for animals?」のグループ活動を事前に行い，音声で十分慣れ親しんだ後に行います。

②ワークシートに伝えたい動物を決めて書きます。

③その動物を脅かす問題を選び，丸で囲みます。

④その問題を解決するためにできることを書きます。

ポイント

⑧の活動をグループで行った後に，個人の活動としてこの「書く活動」に取り組むと，「英語への苦手感」を持つ児童も活動に取り組みやすいです。

特に，解決策について英語の表現をつくることが難しいので，グループで活動することで表現だけでなく，様々な解決策に触れておくことで「何を書いたらいいかわからない」を防ぐことができます。

Chapter 4

6年 外国語 とっておきの授業アイテム＆アイデア

【アイテム】

What can we do?ライティングのワークシート　　　　ワークシート記入例

117

Unit 7 My Best Memory　小学校生活の一番の思い出を伝え合おう。

10 思い出のランドセル
アイテム　思い出のランドセルのワークシート

【準備】

　思い出のランドセルのワークシートを児童数分印刷しておきます。

アイテムの紹介

　Unit 7 の「書く活動」のための教材です。

授業の流れ

❶教科書 Starting Out のリスニング（5分）

　Starting Out のリスニングをします。

❷教師と児童のスモールトーク（5分）

　学校行事の単語を中心に，児童と思い出を共有していきます。"Did you enjoy the sports day?" など，"Did you enjoy ○○ ?" でやり取りを始めていくと対話しやすいです。

❸言語材料の復習（5分）

　言語材料の復習をします。

❹「思い出のランドセル」のライティング（20分）★

　単元のまとめとして，思い出のランドセルのワークシートを使って「書く活動」をします。

進め方

①ランドセルのワークシートの4線上に，名前や得意なこと，好きなことを記入していきます。
②すべての英文が記入できたら，似顔絵を描きます。また，自分のランドセルの色に塗ったり，傷をかき込みます。
③最後に輪郭の線に沿って切り，外側カバーになる面を色塗りします。

ポイント

　6年間，小学校生活を共にしたランドセルに感謝の気持ちを込めて，英語の「書く活動」に取り組んでほしい，そのような気持ちでこの教材を作りました。
　自分のランドセルと見比べて傷をかき込むと，より一層愛着がわきそうです。
　ただ，思い出を記入するのではなく，「思い出のランドセル」という作品を作るように，丁寧に取り組んでほしいと思っています。
　卒業前の掲示教材としてもぴったりな教材です。

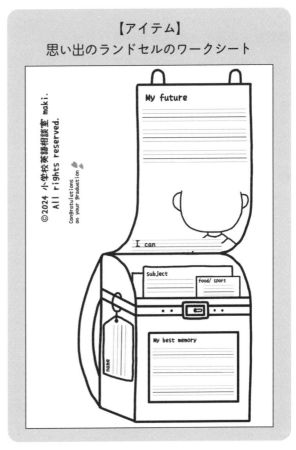

【アイテム】
思い出のランドセルのワークシート

Unit 8 My Future, My Dream　中学校生活や将来の夢について伝え合おう。

11 部活・夢調査

> アイテム　部活調査用紙，夢調査用紙

【準備】

扱う言語材料の調査用紙（部活調査，夢調査）を児童数分印刷しておきます。

アイテムの紹介

Unit 8 のやり取りのための教材です。

授業の流れ

❶教科書 Starting Out のリスニング（5分）

Starting Out のリスニングをします。

❷教師と児童のスモールトーク（5分）

使う言語材料によって，部活や夢について児童と対話しながらインプットしておきます。

❸言語材料の紹介（5分）

部活動，職業についての英語表現を紹介します。

❹「部活・夢調査」の活動（15分）★

「部活・夢調査」のやり取りをします。

120

進め方

①調査用紙を配付し，児童は"my guess"の部分に，人気No.1～No.3を推測して日本語で記入します。
②言語材料を使って以下のやり取りのように自分の意見を伝え合います。

〈部活調査の場合〉
S1：Hello！I want to join the soccer club.
S2：OK！［調査用紙に〇をつける］
　　　I want to join the kendo club.

③調査用紙に集計していき，"my results"の部分に結果を記入します。

ポイント

　部活や夢について伝え合うUnit 8では，学習する単語が多く，I want to join / beなどの表現を言えても単語が出てこない，という困り感を抱く児童がいます。
　この調査の活動では，1文だけでやり取りが可能で，クラスメイトとのやり取りを通して自分が伝える以外の単語のインプットも期待できます。
　信頼できる調査結果が得られるよう，たくさんのクラスメイトとやり取りをするよう促してください。

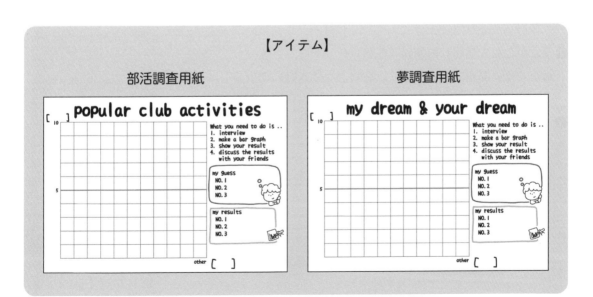

Unit 8 My Future, My Dream　中学校生活や将来の夢について伝え合おう。

12　おかしな入部届

アイテム　おかしな入部届ワークシート

【準備】

おかしな入部届ワークシートを児童数分印刷しておきます。

アイテムの紹介

Unit 8 のやり取りのための教材です。

授業の流れ

❶教科書 Starting Out のリスニング（5分）

Starting Out のリスニングをします。

❷教師と児童のスモールトーク（5分）

中学校に行って入りたい部活動について，得意なことや必要な持ち物などを交えて児童と対話します。

❸言語材料の紹介（5分）

言語材料の紹介をします。

❹「おかしな入部届」の準備（5分）★

おかしな入部届ワークシートに記入して，活動の準備をします。

❺「おかしな入部届」の活動（10分）★

「おかしな入部届」のやり取りをします。

進め方

①準備として，名前と入りたい部活の単語を4線に記入します。
②やり取りは，ワークシートの点線部 Checklist より下の部分を使います。
③入りたい部活をクラスメイトに伝えた後，その部活にあった①持ち物と②得意なことを質問し合いながらチェックしていきます。
④やり取りは以下のように進めます。
　S1：I want to join the soccer club.
　S2：OK! Do you have shoes? [Checklist ①の持ち物についてやり取りする]
　S1：Yes, I do. [チェックをつける]
　S2：Can you run fast? [Checklist ②の得意なことについてやり取りをする]
　S1：Yes, I can! [チェックをつける]
⑤やり取りが一通り終わったら，おかしな入部届ワークシートを教師が確認しスタンプを押して確認します。

ポイント

入りたい部活動について，既習表現を使ってやり取りし，まるで入部届を提出するようなやり取りをすることがこの教材のねらいです。クラスメイトと必要な持ち物や，得意なことを尋ね合いながら，「それは必要なの？」というおかしなやり取りを楽しんでほしいなという願いを込めています。教師は最後にライティングとやり取りの内容を確認してスタンプを押してください。

【アイテム】
おかしな入部届ワークシート

Chapter 5

外国語活動・外国語授業 Q&A

1 単語の読み方にカタカナで フリガナをふってもいいでしょうか。

　小学校外国語の授業では，音声中心のインプットからアウトプットを目指しており，児童によっては，英語の発音の読み方をカタカナでメモしておきたい，という場合もあります。特に，パフォーマンステスト前には，作った原稿などに書いて準備をしたいという児童が多くなります。

　私の意見ですが，英語の読み方をカタカナでメモしておくこと自体は悪いことではないと思っています。読み方を書くことで，安心してテストに臨める児童も多いです。

　ただし，注意するべきポイントがあるのでご紹介します。

音声でのインプットが十分確保できているか

　言語材料を使って教師と児童が対話をしながら，十分に音声でのインプットが確保されているかを見直しましょう。リピート練習だけにならずに，言語材料がどのようなコンテクスト（場面）で，どのような機能を果たすのか（意見を伝える，尋ねる，お願いする等）を，児童を巻き込んだ対話的インプットで体験させることが大切であると言われています。

　特に，単語の習得については，暗記やリピート練習が学習の大部分を占めるのではなく，児童が単語の意味をインプットした文章の中で理解できるよう促していきましょう。

教師がカタカナを言わない

　インプットを十分に確保されても，字で読み方を書きたいという安心感を求める場合もあります。その場合は，教師が単語の読み方を指示せず，「聞こえたまま書いてごらん」と教師が発音したものを児童が聞こえたままカタカナで読み方を書くように手伝います。

　そうすることで，カタカナで表しきれない英語特有の音に気づくきっかけになったり，日本語の音に直して単語を読むのを防いだりすることができます。

126

2 「読む活動」がなかなか うまくいきません。

4技能の順番通りに

「読む活動」「書く活動」の分量が増えた教科書も多いです。しかし、小学校外国語の授業では、読み書きの分量が増えても音声でのインプット・アウトプットが基本です。そして、4技能の習得は、「聞く」→「話す」→「読む」→「書く」の順番がとても大切です。この順番を守って1つの単元を構成するようにすると、「読む活動」「書く活動」は単元最後に取り組むことになります。もし、単元最初から「この単語を読んでみましょう」と児童に取り組ませようとすると、「ローマ字読み」をしようとしてしまい、言語材料の習得を遅らせてしまう可能性が高くなります。音声での学習でしっかりと土台をつくった後に「読む活動」に進みます。

「読む活動」のステップ

STEP1 **指なぞり**：児童は教師が読んでいるところを指でなぞる（児童は読まない）
STEP2 **部分読み**：言語材料のところだけ教師の後に読む
STEP3 **全部読み**：教師の後に続いてゆっくりと読む
STEP4 **ペア読み**：ペアで交互に読んだり、一緒に読んだりする
STEP5 **黒塗り読み**："文法の働きで大切なところ（"... on Mondays." の前置詞など）を黒塗りしたものをテレビで投影して見せ、全員で一緒に読んでいく

教科書に収録されている「読む活動」をする際、いきなりは読ませず、単語や言語材料の復習のための対話的インプットをしながら、読む準備を始めることが大切です。また STEP5 で大切なのは、内容語ではなく機能語を隠すことです。音声で発話させたときに、欠落しがちな前置詞や句動詞などを黒塗りにすることで、音声での発話を振り返る機会にします。

「読む活動」「書く活動」に流れを

「読む活動」を「書く活動」の準備とし、読んだ題材を「書く活動」でも使うと、2つの活動がつながり、児童も違和感なく「書く活動」に取り組めます。手紙の返事を書く、自分のオリジナルストーリーに書き換えるなど「意味のある内容」を伝える活動になるよう企画しましょう。

3 「書く活動」がなかなか うまくいきません。

4技能の順番通りに

　4技能の習得は，「聞く」→「話す」→「読む」→「書く」の順番が大切です。音声でのインプット・アウトプットにまだ慣れないうちから，「この文章を書いてみましょう」と児童に取り組ませようとしても，意味理解が不完全なまま行う「書く活動」はただの書き写しの練習となり，言語材料の習得を遅らせてしまう原因になります。しっかりと音声で言語材料に慣れ親しみ，「読む活動」で文字のインプットで土台を築いた上で，「書く活動」に移ります。

「書く活動」で大切なこと

　「読む活動」「書く活動」を切り離して別々の題材にしてしまうよりも，「読む活動」を「書く活動」の準備とし，読んだ題材を「書く活動」でも使うようにします。2つの活動をつなげて進めることで，児童も違和感なく「書く活動」に取り組め，手本を見ながら「書く活動」に入ることができます。

「書く活動」のステップ

STEP1　ライティングルール確認：教師は言語材料を含む1文を板書し，ライティングルールを確認する
STEP2　個人の「書く活動」
STEP3　個人の見直し：「ライティング伝票[*]」でライティングルールを自分で見直す
STEP4　教員による添削

　「書く活動」では，「自分の意見をたくさん書いてほしい！」と教師は願いますが，限られた言語材料で「言いたいことに近いものを書く」ことも大切です。なるべく翻訳ソフトなどを使わず，知っている単語でどのように伝えられるかを考えることも，リアルな英会話の場面で「とっさの一言」が出ないときの対処法にもつながります。

＊『小学校英語サポートBOOKS　教師1年目から使える！英語授業アイテム＆ゲーム100』に収録

4 ALTの先生とのコミュニケーションが難しいです。(担任の先生編1)

ALTの先生とのコミュニケーションに難しさをもっている先生も多いと思います。今回は実際にいただいた質問をもとに，担任の先生が限られた中で効率よくティームティーチングができるヒントをお伝えします。

〈お悩み1〉

　朝から教室にいるので，ALTの先生と全く打ち合わせをせずに授業をすることが多いです。

(愛知県　4年生担任)

↓

　このお悩みは，たくさんの担任の先生から寄せられます。打ち合わせなく授業を始めてしまうことは，ALTの先生にとっても不安なことです。何の単元をするのかだけでも事前に伝えられるとALTの先生も授業の内容や流れにその場で対処しやすいです。

　その授業の内容を書いた「ALT連絡シート[*]」を机上に置いておきましょう。大切なことを確実に伝えられるので，私も毎回この連絡シートは使っています。

　普段の授業の連携だけでなく，5・6年生の外国語については，パフォーマンステストでの連携はとくに書面で伝え，残すことをおすすめします。

　他の学校と兼務しているALTの先生にとって，テストの役割や形式，評価に携わるのかどうか，など混乱する場面が多くあります。パフォーマンステストの手順を書類で作っておくことで，ALTの先生がいつでも確認できるようにしておきましょう。

＊『小学校英語サポートBOOKS　教師1年目から使える！英語授業アイテム＆ゲーム100』に収録

5 ALT の先生とのコミュニケーションが難しいです。（担任の先生編2）

ALT の先生とのコミュニケーションの難しさとして，言葉の壁も原因の一つです。英語の授業で連携するために，この言葉の壁についてのお悩みも寄せられています。

〈お悩み2〉

もともと英語が苦手ですが，日本語が話せない ALT の先生とコミュニケーションができず，授業中にしてほしいことがとっさに伝えられません。

（東京都　6年生担任）

↓

児童に「リアルな英語を使う場面を見せる」という点でも，担任の先生が ALT の先生と英語でやり取りすることは大事だと思っています。

とっさに英語が出てこないという問題については，あれもこれもすべて英語で会話しようとせず，「ALT の先生にお願いする英会話表現をいくつか覚え，それだけを使いこなす」という方法がおすすめです。連携のための英会話表現は以下の通りです。

"Could you have them repeat after you?"
リピート練習をお願いします。
"Could you check and correct their writing?"
ライティングの添削をお願いします。
"Could you join them?"
児童と一緒にやってください（ゲームややり取りなど）。
"Could you have interactions with as many students as possible?"
できるだけたくさんの児童とやり取りをしてください。
"Could you stay at the back（of the classroom）?"
後ろの方にいてください。
"Could you support students in need?"
困っている児童をサポートしてください。

"Could you〜?" でたいていの頼みごとは伝えられるので，ぜひ活用してみてください。

6 ALTの先生とのコミュニケーションが難しいです。（英語専科の先生編）

ALTの先生とのコミュニケーションに難しさをもっているのは担任の先生だけではありません。英語専科の先生も，英語でのコミュニケーションが難なくできたとしても様々な困り感をお持ちだと思います。

今回は実際にいただいた質問をもとに，英語専科の先生のお悩み解決のためのヒントをお伝えします。

〈お悩み〉

ALTの先生と意見が合わず困っています。たとえば，授業中は英語だけで話してほしいのに，ALTの先生が普通に日本語を話しています。なんてお願いをしたらいいのでしょうか。

(東京都　英語専科)

↓

このお悩みは，英語専科の先生ご自身の英語の授業の進め方を確立されているからこそのお悩みだと思います。特に，「ALTの先生には日本語は控えてほしい」というこのお悩みについては，なぜ日本語を控えてほしいのか，しっかりと理由を伝えていますか？

私も毎年ALTの先生にしてほしいことだけでなく，なぜそう思うのかも伝えています。「日本語を控えてほしい」件も伝えていますが，「ALTの先生は，児童にとって数少ない英語をリアルに使う環境の源だから」とも伝えています。一方でALTの先生が児童に日本語を話すことで，心理的不安を和らげることもできます。

そういったALTの先生の意図をうかがい議論を重ねると新しいアプローチが見えてくることもあります。ALTの先生と一緒に過ごすことが多いからこそ，英語教育のこと，児童のこと，生活指導のことなど，お願いするばかりでなく，意見交換できることが英語専科の先生の強みだと思っています。

英語のゲームやアクティビティなど，日本ではなじみがないようなゲームにも精通しているALTの先生も多いです。無理にお互いの意見を合わせようせず，英語専科の先生の強みと，ALTの先生の強みを織り交ぜて連携し，2人だからこそできる授業スキルをアップさせましょう！

7 ティームティーチングが難しいです。（担任の先生編）

アイテム T1T2連携シート

学校によっては担任（T1）と指導補助の教師（T2）の2人体制で英語の授業を進めることもあります。英語が苦手な担任の先生にとって，T2の先生はとても心強い存在です。

ただ，T2の先生に具体的に何をお願いしたらいいかわからない，というお悩みも多いです。

指導補助に入ってくださるT2の先生は，英語の指導経験や英語の知識が豊富です。英語のゲームや英語の豆知識，特に言語材料がどのようなリアルな現場で使われるのかをご存じです。単元の学習内容や言語材料にぴったりなゲームや活動を考えてもらうなど指導の役割分担がおすすめです。

たとえば，教科書リスニングとやり取りは担任の先生が主導で進め，対話的インプットと言語材料紹介・ゲームはT2の先生がどんどん進める，とすると担任の先生の負担も少なくでき，T2の先生の得意分野を任せることもできます。

打ち合わせが十分とれないときは「ALT連絡シート[*]」を活用したり，右のT1T2連携シートを活用してみてください。

T1用は，担任の先生がT2の先生に授業内容を伝え，おすすめアクティビティを考えてもらうことを意図とした連絡シートです。

T2用は，指導補助に入る先生がおすすめアクティビティを事前に伝えるものです。「T1T2連携シートがあるから，当たり前のように役割分担がすっきりできる！」を目指して，連携するシステムを構築してください。

【アイテム】
T1T2連携シート
（上：T1用　下：T2用）

Today's class schedule
Dear. ＿＿＿ sensei
よろしくお願いします
＿年＿組 Lesson NO.＿＿＿
① greeting
②
③
準備お願いできますか？　　from

こんな活動どうですか？
Dear.＿＿＿ sensei
よろしくお願いします
＿年＿組 Lesson NO.＿＿＿
ーーゲーム・やりとりーー
from

[*]『小学校英語サポートBOOKS　教師1年目から使える！英語授業アイテム＆ゲーム100』に収録

132

8 ティームティーチングが難しいです。（T2の先生編）

　T2の先生から寄せられるお悩みに，「T1の先生（担任）が英語の指導が問題なく進められる場合，T2としての役割がわからず，何をしたらいいか困る」というものがあります。私も，T2として授業に携わった経験がありますが，担任の先生がとてもスムーズに授業を進めていらっしゃる際，「私がいなくてもいいんじゃないか……」と悩んだこともありました。

　ここで紹介するアイデアがT2として何ができるのか悩んでいる先生のヒントになれば幸いです。

新年度に役割分担の打ち合わせをする

　学習内容や授業の打ち合わせではなく，T1とT2の役割分担を新年度始まってすぐに確認しておきましょう。T2の先生として経験がこれまでにある場合は，「何かできることはありませんか」と担任の先生の要望を事前に聞いておくことで，連携がうまくできます。

T2の先生は個別指導を

　T1の先生がどんどん授業を進めていき，T2の先生は活動に遅れている児童の個別サポートをすると児童もT1の先生も助かる場面が多いです。T1の先生が授業を進めている最中に，T2の先生が児童から質問を受けたり，準備物を促したり，やり取りで英語が苦手な児童と重点的に練習をすることで授業が止まることなく進めるようになります。

T2の先生の一番の役割

　⑥で，ALTの先生は「児童にとって数少ない英語をリアルに使う環境の源」とご紹介しましたが，T2の先生は日本人の指導補助の先生である場合が多く，児童にとっては，「英語じゃなくても日本語で通じるのに」とT2と英語で話すことに無理やり感を感じてしまいます。T2の先生にはALTの先生と決定的に違う役割が2つあります。まず，1つ目は英語不安を感じる児童が少しでも安心して過ごせるということです。子どもたちがわからないことを日本語で質問できるということはとても大きな安心材料です。2つ目は，T2の先生は「外国の文化を伝える役割」をもっています。言語材料にとどまらず，外国ではどんな暮らしなのか，どんな文化なのかを日本語で伝えられることも強みです。

Chapter 5　外国語活動・外国語授業 Q&A

⑨ 学校公開でおすすめのアクティビティを知りたいです。

「外国語の授業って何をしているんだろう」と保護者や地域の方の関心も多く，授業や活動を悩まれる先生も多いかもしれません。児童の頑張りや自然な姿を見せられるおすすめの活動を紹介します。

英語絵本や詩の朗読

日々の英語の授業でどれくらい英語が上達しているのか，保護者の方にとって，とても興味があることだと思います。児童一人ひとりの発言を見せるのもいいかもしれませんが，英語不安を抱える児童にとっては，発言の機会をストレスに感じてしまうこともあります。

そこで，おすすめの活動が，英語絵本や詩の朗読です。全員で英語の朗読をすると，保護者の方にとっては，目に見えて「英語の発話」をその場で感じることができ，児童にとっては，全員で発表する活動になるので不安や緊張を和らげることができます。3・4年生は短めの英語絵本の朗読を，5・6年生は英語の詩の朗読がおすすめです。

英語ゲーム

児童が普段から楽しく活動している自然体の姿を保護者の方に見ていただくこともとても貴重な機会だと思います。児童がいつも積極的に活動しているゲームを選びましょう。準備や片づけの時間で間延びしてしまいがちな神経衰弱などの児童主体のゲームよりも，リズム感が生まれやすい教師がリードしながら進められるかるたやキーワードゲーム（「フォニックスかるた*」「もっとやりたい！が止まらない Keyword game*」など）がおすすめです。

やり取り

英語のコミュニケーションをする場面もぜひ保護者の方に見ていただきたいです。「たくさんの量を話しているところ」よりも，児童が「シンプルな言語材料を使ってたくさんの児童とやり取りしているところ」が見せられるものがおすすめです。Survey の活動など，やり取りの目的がわかりやすいものがおすすめです。「保護者の方にも聞いてみよう」と保護者の方を巻き込むことも盛り上がっておすすめです。

*『小学校英語サポート BOOKS　教師1年目から使える！英語授業アイテム＆ゲーム100』に収録

10 自分の英語力を上げるには 何から始めたらいいですか？

　文部科学省の調査では，教師の英語使用・英語力は児童の英語力にも影響があると発表されています（文部科学省，2024）。しかし，英語専科が配置される小学校の数が増加している一方で，外国語の授業に不安を感じている英語が苦手な先生も多くいらっしゃいます。

　授業スキルの前に，「自分の英語力を伸ばしたい！」と思うものの，何から始めればいいのかわからないという先生におすすめの勉強法をお伝えします。

英語の試験に挑戦する

　文科省の第2期教育振興基本計画では，英語担当教師の目標とする英語力を CEFR B2と示しています。まずはこの目標を目指して資格試験に挑戦するのをおすすめします。

　この資格試験に挑戦する目的は，難しい表現を知っていることではなく，児童が言いたいことを，児童が発話可能な英語でどのように表現できるか，教師自身の表現力の幅を広げることです。もちろん，英語力を高めることで ALT とのコミュニケーションも円滑になり，連携がとりやすくなります。

　教師自身がどれくらいのレベルにあるのか，級や点数で見える化することで学習継続のモチベーションも維持することができます。

海外の英語授業を視聴して勉強する

　むやみやたらに英会話を伸ばそうとあれこれとビジネス英会話や旅行英会話から始めるよりも，教師自身が英語を必要とするコンテクストを中心に英語力を伸ばすことも大切です。つまり，英語の授業のための英語力向上を目指して学習することによって，今必要とする場面の英語力を上げるということです。

　そこでおすすめは，動画などで海外の英語授業や英語圏の算数や英語の授業を視聴し，そこで使われている表現から学ぶことです。

　そのような動画には，ふんだんに Classroom English が使われ，どのように児童に英語で問いかけていくか，授業スキルも一緒に学ぶことができます。ESL／TESOL 等のキーワードで検索するとたくさん動画を探すことができます。

【参考文献】
文部科学省（2024）「令和5年度『英語教育実施状況調査』概要」

【著者紹介】

増渕　真紀子（ますぶち　まきこ）

東京都小学校外国語専科講師。明星大学非常勤講師。NIJIN アカデミー英語講師。1985年大阪生まれ。TESOL 修士。関西学院大学総合政策学部卒業後，山梨県公立中高一貫校，大阪府私立中高一貫校で英語教諭を経て，東京都八王子市内の幼稚園や保育園で英会話講師を務める。出産を機に子育て支援英語サークルを発足。小学校外国語専科講師として3年生から6年生の授業を担当する傍ら，アメリカの Anaheim University Master of arts in TESOL を卒業。第二言語習得に基づいた Young learners のための Structured input activities の効果について研究している。J-SHINE 小学校英語上級指導者の資格を所有し，2021年より Instagram, YouTube でまき先生として小学校英語の授業アイデアや教材，教授法をシェアしている。
主な著書に『小学校英語サポート BOOKS　教師1年目から使える！英語授業アイテム＆ゲーム100』がある。
URL：https://www.instagram.com/maki_english_sensei/

小学校英語サポートBOOKS
教師1年目からできる！
英語授業アイテム＆アイデア

2024年12月初版第1刷刊　Ⓒ著　者　増　渕　真紀子
2025年4月初版第2刷刊　　発行者　藤　原　光　政
　　　　　　　　　　　　　発行所　明治図書出版株式会社
　　　　　　　　　　　　　　　　　http://www.meijitosho.co.jp
　　　　　　　　　　　　　（企画）木山麻衣子　（校正）丹治梨奈
　　　　　　　　　　　　　〒114-0023　東京都北区滝野川7-46-1
　　　　　　　　　　　　　振替00160-5-151318　電話03(5907)6702
　　　　　　　　　　　　　ご注文窓口　電話03(5907)6668
＊検印省略　　　　　　　　組版所　朝日メディアインターナショナル株式会社
本書の無断コピーは，著作権・出版権にふれます。ご注意ください。

Printed in Japan　　　　　　　　ISBN978-4-18-477712-5

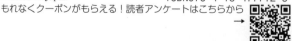